# बीसी और बीएफ परीक्षा ( एमसीक्यू उत्तर के साथ )

## IIBF & BFSI

प्रदीप कुमार राय

Copyright © Pradip Kumar Ray
All Rights Reserved.

This book has been self-published with all reasonable efforts taken to make the material error-free by the author. No part of this book shall be used, reproduced in any manner whatsoever without written permission from the author, except in the case of brief quotations embodied in critical articles and reviews.

The Author of this book is solely responsible and liable for its content including but not limited to the views, representations, descriptions, statements, information, opinions and references ["Content"]. The Content of this book shall not constitute or be construed or deemed to reflect the opinion or expression of the Publisher or Editor. Neither the Publisher nor Editor endorse or approve the Content of this book or guarantee the reliability, accuracy or completeness of the Content published herein and do not make any representations or warranties of any kind, express or implied, including but not limited to the implied warranties of merchantability, fitness for a particular purpose. The Publisher and Editor shall not be liable whatsoever for any errors, omissions, whether such errors or omissions result from negligence, accident, or any other cause or claims for loss or damages of any kind, including without limitation, indirect or consequential loss or damage arising out of use, inability to use, or about the reliability, accuracy or sufficiency of the information contained in this book.

Made with ♥ on the Notion Press Platform
www.notionpress.com

<u>समर्पण</u>

मेरे इकलौते बेटे श्री प्रज्ञान राय और पत्नी सोनाली राय, मेरे करीबी रिश्तेदार ,आने वाली पीढ़ियां और रिश्तेदार और निश्चित रूप से मेरी किताब के पाठक।

प्रदीप कुमार राय, बर्दवान।

<u>मेरी अनुमति</u>

लेखक की लिखित अनुमति के बिना इस पुस्तक के किसी भी भाग की नकल, अनुवाद या पुनरुत्पादन नहीं किया जा सकता है। यदि इस शर्त की अनदेखी की जाती है, तो उचित कानूनी कार्रवाई की जाएगी।

प्रदीप कुमार राय।

<u>कॉपीराइट © प्रदीप कुमार राय</u>
<u>सर्वाधिकार सुरक्षित।</u>

यह पुस्तक लेखक की सहमति के बाद सामग्री को त्रुटि रहित बनाने के लिए किए गए सभी प्रयासों के साथ प्रकाशित की गई है। हालाँकि, लेखक और प्रकाशक त्रुटियों या चूक के कारण होने वाली किसी भी हानि, क्षति, या व्यवधान के लिए किसी भी पार्टी के लिए किसी भी दायित्व को नहीं मानते और अस्वीकार करते हैं, चाहे ऐसी त्रुटियां या चूक लापरवाही, दुर्घटना, या किसी अन्य कारण से हुई हों।

हालांकि किसी भी गलती या चूक से बचने के लिए हर संभव प्रयास किया गया है, इस प्रकाशन को इस शर्त पर बेचा जा रहा है कि न तो लेखक और न ही प्रकाशक या मुद्रक इसमें किसी भी गलती या चूक के कारण किसी भी व्यक्ति के लिए किसी भी तरीके से उतरदायी होंगे। प्रकाशन या इस कार्य के आधार पर की गई या छोड़ी गई किसी कार्रवाई या दी गई सलाह या स्वीकार किए जाने के लिए। मुद्रण या जिल्दसाज़ी में किसी भी दोष के लिए प्रकाशक केवल दोषपूर्ण प्रति को इस कार्य की उस समय उपलब्ध दूसरी प्रति से बदलने के लिए उतरदायी होंगे।

# क्रम-सूची

# प्रस्तावना

हम सभी जीवन में प्रेरणा के महत्व को जानते हैं हर कोई चाहता है कि वह हमेशा प्रेरित रहे; वास्तविक जीवन में इन प्रेरक निर्णयों का पालन किसी भी मनुष्य के जीवन को बदल सकता है। मुझे आशा है कि इस पुस्तक का उद्देश्य उदार पाठकों की सहायता से सफल होना है। यदि कोई पुस्तक की सामग्री को पढ़ेगा और समझेगा तो मानसिक शक्ति में वृद्धि होगी।

बबली राय। (पांडुलिपि पाठक)

# भूमिका

यदि आप स्वयं को बदलना नहीं चाहते, यदि आप अपनी कमजोरियों और असफलताओं के साथ जीना चाहते हैं, तो इस पुस्तक को पढ़ने का कोई मूल्य नहीं है। यदि आप इस पुस्तक को केवल कागज में लिखने के रूप में सोचते हैं, तो आपको कोई समस्या नहीं होगी, लेकिन यदि आप वास्तव में अपने जीवन को एक पूर्ण दिशा देना चाहते हैं, यदि आप सामान्य नहीं होना चाहते हैं तो पढ़िए, लिखिए और अभ्यास कीजिए और इसी क्षण से शुरुआत कीजिए।

यह आपके बैंकिंग जीवन के रास्ते में आपका साथी होगा और आप जो करना चाहते हैं वह कर सकेंगे। यह प्रशिक्षण केंद्रों, माता-पिता और अभिभावकों पर एक पाठ्यपुस्तक भी है।

प्रदीप कुमार राय, 223-ए, बी, मुखर्जी रोड, बर्धमान-713102।

# पावती (स्वीकृति)

इस पुस्तक को पूरा करने के लिए मैंने विभिन्न पुस्तकों, पत्रिकाओं, वेबसाइटों, कोरा, विभिन्न विद्वानों के साथ विचार-विमर्श और उनके विभिन्न मतों, विभिन्न पारंपरिक पुस्तकों आदि का सहारा लिया है। मैं उन सभी का और इस पुस्तक के प्रकाशक का हृदय से आभार व्यक्त करता हूँ। ये IIBF और BFSI द्वारा आयोजित BC/BF परीक्षा में बैठने के लिए पाठक की मानसिक शक्ति बढ़ाने में मदद करेंगे।

प्रदीप कुमार राय।

# आमुख

## लेखक परिचय

लेखक ने 31+ वर्षों की सेवा के बाद स्वेच्छा से बैंकिंग सेवाओं से सेवानिवृत्त होने का निर्णय लिया। उस समय वे एसबीआई की पुरशुरा शाखा में मुख्य प्रबंधक (ऑफिंग) के पद पर तैनात थे। SBI में, उन्होंने शाखा प्रबंधक, मानव संसाधन प्रबंधक, सिस्टम प्रबंधक, आदि जैसी विभिन्न गतिविधियों में काम किया। उस समय, लेखक का शौक अलग-अलग जादू का आविष्कार करना और अलग-अलग लेख लिखना था। उनकी पहली पुस्तक "प्रेरणा" 2013 में प्रकाशित हुई थी। उनके विभिन्न लेख और निबंध पहले से ही व्यापक रूप से परिचालित और अल्प-प्रकाशित समाचार पत्रों और पत्रिकाओं में प्रकाशित हो चुके हैं। जादू के मामले में, लेखक की छवि के साथ बायोडाटा को जादूगरों की विश्व निर्देशिका में प्रकाशित किया गया था।

लेखक की शैक्षणिक योग्यता बी.एससी. (ऑनर्स भौतिकी में), एम.एससी (कंप्यूटर साइंस में ), कंप्यूटर एप्लीकेशन में पोस्ट ग्रेजुएट डिप्लोमा (PGDCA), सिस्को सर्टिफाइड नेटवर्क एसोसिएट्स-ग्लोबल (CCNA), इंडियन इंस्टीट्यूट ऑफ बैंकिंग (CAIIB) के सर्टिफाइड एसोसिएट। उन्होंने फोटो, वीडियो और ऑडियो एडिटिंग, एनिमेशन, हार्डवेयर, COBOL प्रोग्रामिंग, हिंदी प्रज्ञा कोर्स, IC 38 आदि जैसे विभिन्न सर्टिफिकेट कोर्स भी किए हैं।

सेवानिवृत्त होने के बाद, लेखक ने "बैंकिंग" में एक विशेषज्ञ प्रशिक्षक के रूप में कई अकादमियों के साथ भी काम किया और अब वह अपने यूट्यूब चैनल, फेसबुक पेज, वेबसाइट, ब्लॉग, स्टॉक फोटोग्राफी, विभिन्न लेखों, स्व-प्रकाशित पुस्तकों आदि पर काम करता है और वह भी इंटरनेट आधारित काम में लगे हुए हैं।

निम्नलिखित पुस्तकें जो लेखक द्वारा लिखी गई हैं वे पहले ही प्रकाशित हो चुकी हैं और अमेज़न, फ्लिप कार्ट, नोशन प्रेस, पोथी के ऑनलाइन आउटलेट पर उपलब्ध हैं।

<u>बंगाली में:</u> - १) प्रेरणा २) अनुप्रेरणा ३) महाभारते की की तथ्य चिन्हित आछे जा आजो प्रासंगिक ? ४) पुराण काहिनीर अन्तर्निहित अर्थ ५) रामायनेर अजाना तथ्य ६) मानबतार पुजारी स्वल्प परिचित भारतीयेर कहिनी ७) अशपाशेर गछगछालीर ओषधि ओ सौंदर्य गुण ८) जाना मानुषेर अजाना कहिनी ९) कल्पनाय , ख़याले ओ कथने करोना १०) बाबा माने --, मा माने -- ११) निजेर मध्येई निजे इत्यादि।

इंग्लिश में :- 1) बैंकिंग पत्र कैसे लिखें (बैंकर और ग्राहक के लिए) 120 से अधिक प्रासंगिक नमूना पत्र। 2) ईमेल कैसे लिखें (नैतिकता, उदाहरण और ईमेल के नमूने)। 3) मानवता के एक अल्पज्ञात भारतीय उपासक की कहानी। 4) प्रेरणा और प्रेरणा का राज। 5) बर्धमान में अलोकप्रिय लेकिन ऐतिहासिक रुचि पर्यटन स्थल के साथ आकर्षक। 6) ग्राहक के लिए डिजिटल बैंकिंग तैयार संदर्भ। 7) इमेजिनेशन, ट्रोल और मीम्स में 'कोरोना'। 8)

बीसी और बीएफ परीक्षा के उत्तर के साथ एमसीक्यू 9) अपनी मानसिक शक्ति में सुधार कैसे करें 10) सामान्य योग्यता (सीएसआईआर नेट-पिछला क्यू एंड ए स्पष्टीकरण और हल करने के संकेत के साथ) 11) भारत में सर्वश्रेष्ठ निजी अस्पताल 12) प्रमाणपत्र परीक्षा व्यापार प्रतिनिधि 13) लघु कथाएँ और किस्से आदि।

हिंदी में:- १) कैयसे प्रेरक कौशल में सुधार कर सकते हैं २) छात्र: और बैंकर के लिए बैंकिंग ३) "कोरोना" - कैथॉन ट्रोल या मिम्स ४ ) ऐतिहासिक आकर्षक पर्यटन स्थल, बर्दवान ५ ) आपका मानसिक शक्ति का विकास कैसे करे ६ ) संबंध बिपनन का बिकास करने के सबसे अच्छे तारिका ७) शेयर ट्रेडिंग में मनोविज्ञान और अनुशासन कैसे करे ८) उन्नत वीडियो मार्केटिंग कैसे शिखे ९) एसईओ क्या है और कैसे काम करता है १०) बैंकिंग पत्र कैसे लिखे आदि प्रकाशित।

<u>प्रस्ताव</u>

इस पुस्तक का निर्माण मेरी प्रकाशित पुस्तक के अनगिनत पाठकों और मेरे ब्लॉग, वेबसाइट, फेसबुक पेज, यूट्यूब आदि के अनुयायियों और दर्शकों की रुचि और प्रेरणा से प्रेरित है।

वेबसाइट–https://pkrbur.com; www.rayfamily.itgo.com

ब्लॉग- बंगाली में प्रेरक- https://pkrnet.blogspot.com;

ब्लॉग - हिंदी में प्रेरक - https://pkrhindi.blogspot.com

ब्लॉग - अंग्रेजी में प्रेरक - https://pkrbur.com/blog-motivational/

ब्लॉग - यात्रा और यात्रा - https://pkrbur.com/blog-tour-travel/

ब्लॉग - छात्रों के लिए बैंकिंग - https://pkrbank.blogspot.com

ब्लॉग–ग्राहकों के लिए बैंकिंग तकनीक–https://pkrbur.com/blog-banking-technology-for-customer/

पीकेआर वीडियो और ऑडियो - https://pkrbur.com/pkr-video-audio-links/

फेसबुक पेज - https://www.facebook.com/pradip1/

पीकेआरनेट फेसबुक पेज - https://www.facebook.com/Pkrnet-Institute-192616401621756/

फेसबुक ग्रुप: - प्रेरक और प्रेरणादायक https://www.facebook.com/groups/Motivation62

फेसबुक - https://www.facebook.com/profile.php?id=100009528403607 YouTube-SHANTANURUDRA-प्रदीप Kr का भेस नाम। रे -https://www.youtube.com/channel/UC9ZCD6070OMsP0pdwcgSBgwY

यूट्यूब - प्रदीप कुमार राय -पीकेआरनेट, बर्दवान https://www.youtube.com/channel/UC5wyD8s3usaRfMDduEjR1LQ?view_as=subscriber

ई-मेल:pradip.ray1911@gmail.com, Pkrnet.burdwan@gmail.com

लेखक की प्रकाशित पुस्तकें देखने के लिए इस लिंक पर जाएँ: https://pkrbur.com/professional/

Amazon पर लेखक की पुस्तक का लिंक: bit.ly/pradipamazon

फ्लिपकार्ट पर लेखक की किताब का लिंक: bit.ly/PKRBOOK-Flipcart

नोशन प्रेस पर लेखक की किताब का लिंक: bit.ly/pradipbook

Pothi.com पर लेखक की पुस्तक का लिंक: bit.ly/pradippothi

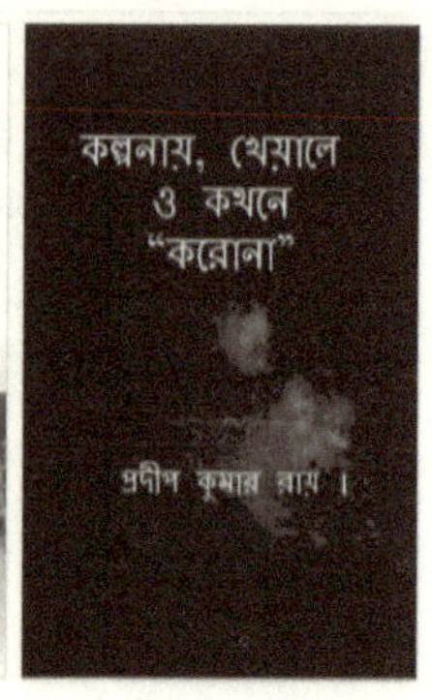

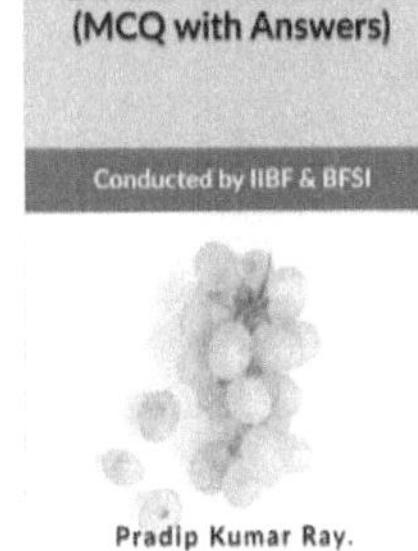

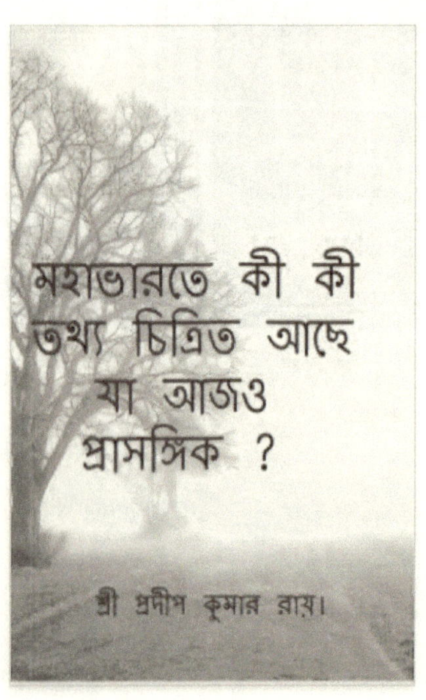
মহাভারতে কী কী
তথ্য চিত্রিত আছে
যা আজও
প্রাসঙ্গিক ?
শ্রী প্রদীপ কুমার রায়।

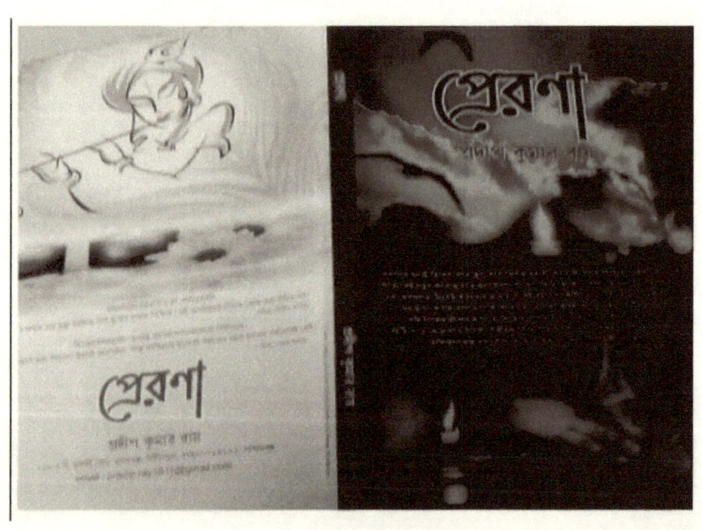
প্রেরণা
প্রেরণা

# 1

# अध्याय एक(एमसीक्यू उत्तर के साथ)

1. एफडीआर पर ब्याज चक्रवृद्धि होता है

ए) मासिक आधार

बी) त्रैमासिक आधार

सी) छमाही आधार

डि) वार्षिक आधार

2. लॉकर की सामग्री हैं

ए) केवल किराएदार के लिए जाना जाता है

बी) बैंक के लिए जाना जाता है

सी) दोनों (ए) और (बी)

डि) उपरोक्त में से कोई नहीं

3. अगर लॉकर का किराया नहीं चुका है तो बैंक दे सकता है

ए) लॉकर को सील करें

बी) लॉकर का संचालन बंद कर दें

सी) लॉकर को तोड़ने के बाद खोलें

डि) उपरोक्त सभी

4. मनरेगा का मतलब है

ए) महात्मा गांधी राष्ट्रीय ग्रामीण रोजगार सृजन योजना

बी) महात्मा गांधी पोषण और ग्रामीण रोजगार सृजन योजना

सी) महात्मा गांधी राष्ट्रीय ग्रामीण रोजगार गारंटी योजना

डि) उपरोक्त में से कोई नहीं

5. सावधि जमा की अधिकतम अवधि है

ए) 5 साल

बी) 7 साल

सी) 8 साल

डि) 10 साल

**6. रुपे डेबिट कार्ड क्या है?**

ए) घरेलू डेबिट कार्ड

बी) भारतीय राष्ट्रीय भुगतान निगम द्वारा पेश किया गया

सी) सभी एटीएम और पीओएस मशीनों पर स्वीकार किया जाता है

डि) उपरोक्त सभी

**7. पीएमजेडीवाई खाते में 5,000/- रुपये की ओवरड्राफ्ट सुविधा किसके लिए उपलब्ध है?**

ए) खाते के संतोषजनक संचालन के 6 महीने बाद

बी) प्रति परिवार एक खाता

सी) 18-60 वर्ष के आयु वर्ग के ग्राहक

डि) उपरोक्त सभी

**8. प्रत्यक्ष लाभ अंतरण क्या है?**

ए) माल पर नकद छूट

बी) बैंकों के माध्यम से प्रेषण

सी) लाभार्थियों के बैंक खातों में सीधे सामाजिक लाभ/सब्सिडी का अंतरण

डि) उपरोक्त में से कोई नहीं

**9. आधार सीडिंग का क्या मतलब है?**

ए) आधार को बैंक खाते से जोड़ना

बी) डुप्लीकेट आधार जारी करना

सी) आधार का स्थानांतरण

डि) उपरोक्त में से कोई नहीं

**10. पीएमजेडीवाई से जुड़े लाभ क्या हैं?**

क) 1.00 लाख रुपये का दुर्घटना बीमा कवर

ख) 30,000/- रुपये का जीवन बीमा कवर

ग) रु. 5,000/- तक की ओवरड्राफ्ट सुविधा

घ) उपरोक्त सभी

**11. पीएमजेडीवाई के तहत कौन खाता खोल सकता है?**

क) 10 वर्ष से अधिक आयु का अवयस्क

ख) घर की अकेली महिला

ग) केवल परिवार का मुखिया

घ) उपरोक्त सभी

**12. बैंक मित्र कौन है?**

ए) बैंकों द्वारा नियुक्त बैंकिंग प्रतिनिधि

बी) बैंक के मूल्यवान ग्राहक

सी) एक शाखा में सुरक्षा गार्ड

डि) उपरोक्त में से कोई नहीं

**13. छोटे खातों में अधिकतम कितनी जमा राशि स्वीकार्य है?**

क) रु. 30,000/-

ख) रु.40,000/-

ग) रु. 50,000/-

घ) उपरोक्त में से कोई नहीं

**14. 'बुनियादी बचत बैंक जमा खाता' में किस प्रकार की सेवाएं निःशुल्क उपलब्ध हैं?**

ए) एनईएफटी/आरटीजीएस के माध्यम से धन की प्राप्ति/क्रेडिट

बी) एटीएम-सह-डेबिट कार्ड पर कोई वार्षिक रखरखाव शुल्क नहीं

सी) एक महीने में 4 निकासी (एटीएम निकासी सहित)

डि) उपरोक्त सभी

**15. बीएसबीडी खाता खोलते समय आवश्यक न्यूनतम जमा राशि क्या है?**

क) रु.100/-

ख) कोई न्यूनतम जमा आवश्यक नहीं है

ग) रु.1,000/-

घ) रु.500/-

**16. अटल पेंशन योजना (APY) क्या है?**

a) असंगठित क्षेत्र को सामाजिक सुरक्षा प्रदान करता है

b) कर्मचारियों को उनकी सेवानिवृत्ति के लिए स्वेच्छा से बचत करने के लिए प्रोत्साहित करता है

c) 60 वर्ष की आयु प्राप्त करने पर निश्चित पेंशन का भुगतान किया जाता है

d) उपरोक्त सभी

**17. प्रधानमंत्री सुरक्षा बीमा योजना (पीएमएसबीवाई) क्या है?**

क) दुर्घटना बीमा कवर

ख) जीवन बीमा कवर

ग) रु. 5,000/- तक का ओवरड्राफ्ट

घ) उपरोक्त में से कोई नहीं

**18. प्रधानमंत्री जीवन ज्योति बीमा योजना (पीएमजेजेबीवाई) क्या है?**

ए) 2 लाख रुपये तक का जीवन बीमा कवर करता है

बी) दुर्घटना बीमा कवर

सी) दोनों (ए) और (बी)

डि) उपरोक्त में से कोई नहीं

19. किस प्रकार की जमा राशि पर अधिक ब्याज मिलता है?

ए) चालू खाता

बी) बचत खाता

सी) सावधि जमा

डि) उपरोक्त में से कोई नहीं

20. पीएमएसबीवाई के तहत दुर्घटना में मृत्यु का दावा निम्नलिखित के लिए उपलब्ध है:

क) 1 लाख रु

ख) 2 लाख रु

ग) रु.3 लाख

घ) उपरोक्त में से कोई नहीं

21. चेक की वैधता अवधि क्या है?

क) जारी करने की तारीख से 4 महीने

ख) जारी करने की तारीख से 3 महीने

ग) जारी करने की तारीख से 1 महीना

घ) असीमित

22. पीएमएसबीवाई के तहत, आंशिक विकलांगता दावा निम्नलिखित के लिए उपलब्ध है:

क) रु. 50,000/-

ख) 1 लाख रुपये

ग) 2 लाख रुपये

घ) उपरोक्त में से कोई नहीं

23. क्या एक निरक्षर व्यक्ति को डेबिट कार्ड जारी किया जा सकता है?

क) नहीं

ख) हाँ

ग) केवल संयुक्त खाते के मामले में

घ) केवल मामले में, वह परिवार का मुखिया है

24. एपीवाई के तहत, निश्चित पेंशन को इनमें से चुना जा सकता है:

क) रु.1,000/-, रु.2,000/-, रु.3,000/-, रु.4,000/-, रु.5,000/-

ख) रु.2,000/-, रु.3,000/-, रु.4,000/-, रु.5,000/-, रु.6,000/-

ग) रु. 500/-, रु. 1,000/-, रु.2,000/-, रु.3,000/-, रु.4,000/-

घ) उपरोक्त में से कोई नहीं

**25.** पहली बार खोले गए खातों के लिए 30,000/- रुपये का पीएमजेडीवाई एलआईसी बीमा उपलब्ध है।

क) 15 अगस्त 2014 को

ख) 26 जनवरी 2015 को

ग) 15 अगस्त 2014 से 26 जनवरी 2015 के बीच

घ) उपरोक्त में से कोई नहीं

**26.** _______ रुपये 30,000/- की पीएमजेडीवाई जीवन बीमा योजना के तहत कवर नहीं हैं।

a) केंद्रीय / राज्य सरकार के कर्मचारी। / सार्वजनिक क्षेत्र के उपक्रम / बैंक

b) आयकर दाता

c) आम आदमी बीमा योजना के लाभार्थी

d) उपरोक्त सभी

**27)** किसी व्यक्ति द्वारा बैंक खाता खोलने के लिए निम्नलिखित में से कौन सा पते के प्रमाण के रूप में स्वीकार्य नहीं है?

ए) वर्तमान बिजली बिल (3 महीने से अधिक पुराना नहीं)

बी) अधिवास प्रमाण पत्र

सी) विकल्प के रूप में दिए गए विकल्पों के अलावा

डी) राज्य सरकार के साथ विधिवत पंजीकृत ग्राहक के पते का संकेत देने वाला किराया समझौता।

**28)** निम्नलिखित में से कौन सा बैंकिंग में अक्सर उपयोग किए जाने वाले ईसीएस का सही पूर्ण रूप है?

A) इलेक्ट्रॉनिक क्लैश सिस्टम

B) इलेक्ट्रॉनिक) कैश सर्विस

C) इलेक्ट्रॉनिक क्लियरिंग सर्विस

D) इलेक्ट्रॉनिक चेंजिंग सिस्टम

**29)** बैंक द्वारा जारी किया गया डिमांड ड्राफ्ट किसके लिए वैध होता है

ए) 3 साल

बी) कोई समय सीमा नहीं है

सी) 3 महीने

डी) 12 महीने

**30)** निम्नलिखित में से किस प्रकार के बैंकिंग में, बैंक और उसके उपभोक्ताओं के बीच लेन-देन का सीधा निष्पादन होता है?

ए) रिटेल बैंकिंग

बी) यूनिवर्सल बैंकिंग

सी)वर्चुअल बैंकिंग

डी )यूनिट बैंकिंग

**31)** डीआईसीजीसी द्वारा बीमा की जाने वाली अधिकतम राशि क्या है?

ए)5,00,000

बी)2,00,000

सी)1,00,000

डी)50,000

**32)** संक्षिप्त नाम 'ईपीओएस' का अर्थ है ....

ए)बिक्री का इलेक्ट्रॉनिक भुगतान

बी)बिक्री का इलेक्ट्रॉनिक प्वाइंट

सी)बिक्री का इलेक्ट्रॉनिक खरीद

डी) बिक्री का इलेक्ट्रॉनिक पी चावल

**33)**निम्नलिखित में से कौन सा निकाय क्षेत्रीय ग्रामीण बैंकों को नियंत्रित करता है?

ए) आरबीआई

बी) नाबार्ड

सी) <u>ग्रामीण विकास विभाग</u>

डी) राज्य सरकार

**34)**विदेशी मुद्रा अनिवासी (एफसीएनआर) योजना के तहत जमा कम से कम

ए) 15 दिन

बी) 3 महीने

सी) 6 महीने

डी) 1 वर्ष के लिए स्वीकार किया जा सकता है

**35)** भारत में वाणिज्यिक बैंकों की विभिन्न श्रेणियां हैं। निम्नलिखित में से कौन सा एक वाणिज्यिक बैंक नहीं है?

ए)विदेशी बैंक

बी)कमोडिटी बैंक

सी)राष्ट्रीयकृत बैंक

डी)सहकारी बैंक

**36)** आरटीजीएस के माध्यम से प्रेषित की जा सकने वाली अधिकतम राशि है .....

ए) 1 करोड़ रुपये

बी) 50 लाख रुपये

सी) 2 लाख रुपये

डी) कोई ऊपरी सीमा नहीं

**37)** भारत की विदेशी मुद्रा ............. के पास रखी जाती है।

ए)एसबीआई

बी)ईसीजीसी

सी)आरबीआई

डी )नाबार्ड

**38)** चालू खाते में शेष राशि को ......... के रूप में वर्गीकृत किया जाता है।

A)हाइब्रिड डिपॉजिट

B)टर्म डिपॉजिट

C)डिमांड डिपॉजिट

D)फिक्स्ड डिपॉजिट

**39)**IFSC में कितने अंक होते हैं?

ए)7

बी)15

सी)11

डी)9

**40)**निम्नलिखित में से कौन सा आरबीआई का मौद्रिक उपकरण नहीं है?

ए) रिवर्स रेपो रेट

बी ) एसएलआर

सी) इंटर बैंक रेट

डी) रेपो रेट

**41)** वह दर जिस पर घरेलू मुद्रा को विदेशी मुद्रा में परिवर्तित किया जा सकता है और इसके विपरीत

A)LIBOR

B)आधार दर

C)रेपो दर

D)विनिमय दर के रूप में जाना जाता है

**42)**बैंकिंग लोकपाल किसके द्वारा नियुक्त किया जाता है

ए) सेबी

बी) नाबार्ड

सी) आरबीआई

डि) इनमें से कोई नहीं

**43)**बैंक जमा जिन्हें बिना सूचना के निकाला जा सकता है, कहलाते हैं :

ए) मांग जमा

बी) सावधि जमा

सी) ऑन-डिमांड और टाइम डिपॉजिट

डि) बुनियादी बचत जमा

**44)कटे-फटे नोट होते हैं?**

क) नोट्स जो टुकड़ों में हैं और/या जिनमें से आवश्यक भाग गायब हैं

ख) कोई भी बैंक नोट, जो पूरी तरह या आंशिक रूप से, मिटाया हुआ, सिकुड़ा हुआ हो

ग) नोट जो धुले हुए, परिवर्तित या अपाठ्य हैं

घ) नोट जो पूर्ण या आंशिक रूप से, मिटाए गए, सिकुड़े हुए, धुले हुए, परिवर्तित या अपाठ्य हैं

**45) एफसीसीबी का अर्थ है:**

ए) वित्त और मुद्रा नियंत्रक बोर्ड

बी) विदेशी मुद्रा परिवर्तनीय बांड

सी) कैश बोर्ड के लिए विदेशी संग्रह

डि) इनमें से कोई नहीं

**46) वेंडर्स या सप्लायर्स को देय वे राशियाँ जिन्हें एक वर्ष के भीतर भुगतान किया जाना चाहिए, कहलाती हैं:**

ए) ऋण अग्रिम

बी) देय खाते

सी) लेनदार

डि) देनदार

**47) शिकायत के लिए बैंकिंग लोकपाल द्वारा अधिकतम मुआवजा है:**

क) 1 लाख रु

बी) 2 लाख रुपये

ग) रु. 5 लाख

घ) 10 लाख रु

**48) एक बैंक में जमा किया गया पैसा जिसे एक पूर्व निर्धारित निश्चित अवधि के लिए वापस नहीं लिया जा सकता है, के रूप में जाना जाता है:**

ए) चेकिंग खाता

बी) सावधि जमा

सी) नो फ्रिल्स खाता

डि) इनमें से कोई नहीं

**49)RBI अंतिम उपाय का ऋणदाता है जो प्रकट करता है:**

a) जब भी कोई आपात स्थिति होती है तो RBI जनता को पैसा देता है

b) वाणिज्यिक बैंक RBI को फंड देते हैं

सी) आरबीआई वित्तीय संस्थानों को पात्र प्रतिभूतियों के खिलाफ आवश्यक क्रेडिट अग्रिम करता है

D। उपरोक्त सभी

**50)** वित्तीय संपत्तियों का प्रतिभूतिकरण और पुनर्निर्माण और प्रतिभूति ब्याज अधिनियम (SARFAESI) का प्रवर्तन का अर्थ है कि उन ऋणों की वसूली जो NPA बन गए हैं, पर लागू नहीं है:

ए) सरकार के वित्तीय संस्थान

बी) गैर-बैंकिंग वित्तीय कंपनियां

सी) छोटे और सहकारी बैंक

डि) इनमें से कोई नहीं

**51)** "माइक्रोक्रेडिट" का अर्थ है:

a) किसानों द्वारा ऋण के बदले किश्तें दी जाती हैं

b) गरीबों को एक छोटा ऋण दिया जाता है

c) औद्योगीकरण में सुधार के लिए सरकार द्वारा ऋण दिया जाता है

d) इनमें से कोई नहीं

**52)** निम्नलिखित में से किसे प्लास्टिक मनी के रूप में जाना जाता है?

(ए) डिमांड ड्राफ्ट (बी) क्रेडिट कार्ड (सी) डेबिट कार्ड

1) केवल एक

2) केवल बी

3) केवल सी

4) बी और सी दोनों

5) सभी ए, बी और सी

**53)** ब्रिज लोन का उल्लेख है-

A. पुलों के निर्माण के लिए निर्माण कंपनियों को दिया गया ऋण।

B. नदियों पर पुलों के निर्माण के लिए पीडब्ल्यूडी को दिया गया ऋण

C. बैंकों द्वारा अपने ग्राहकों को वित्तीय संस्थानों द्वारा सावधि ऋणों के संवितरण के लंबित रहने की अनुमति दी गई अंतरिम वित्त

D. पुलों के निर्माण के लिए रेलवे को दिया गया ऋण

E. इनमें से कोई नहीं

**54.** निम्नलिखित में से कौन सा एक परक्राम्य लिखत नहीं है?

ए) चेक

बी) सावधि जमा रसीद

सी) वचन पत्र

डी) बिल ऑफ एक्सचेंज

ई) उपरोक्त सभी (ए) से (डी) परक्राम्य लिखत हैं

**55. सामान्य बचत बैंक खाते में ब्याज अर्जित करने के लिए पात्र अधिकतम शेष राशि क्या है?**

(1) 1 लाख रुपये

(2) 2 लाख रुपये

(3) 3 लाख रुपये

(4) 5 लाख रुपये

(5) कोई सीमा नहीं

**56. निम्नलिखित में से कौन सा कार्य भारतीय रिजर्व बैंक द्वारा नहीं किया जा रहा है?**

A. भारत में बैंकों का विनियमन

B. भारत में प्रत्यक्ष विदेशी निवेश का विनियमन

C. भारत में विदेशी मुद्रा प्रबंधन

D. मुद्रा आपूर्ति का नियंत्रण और पर्यवेक्षण

E. भारत में मुद्रा प्रबंधन

**57. एक बैंक को 'अनुसूचित बैंक' कहा जाता है जब**

A. इसका कारोबार 1000 करोड़ का आंकड़ा पार कर चुका है

B. इसकी शाखा नेटवर्क 100 से अधिक है

C. यह आरबीआई अधिनियम की दूसरी अनुसूची में शामिल है

D. जब यह उपरोक्त तीनों का अनुपालन करता है

E. इनमें से कोई नहीं

**58.आरटीजीएस लेनदेन के लिए निर्धारित ऊपरी सीमा है-**

ए. 1 लाख रुपये

बी. 2 लाख रुपये

सी. 5 लाख रु

डी. 50 लाख रु

ई. कोई ऊपरी सीमा निर्धारित नहीं है

**59. बैंकिंग लोकपाल-**

(a) बसों के लिए बैंक ऋण का प्रभारी है

(b) ऋण के लिए ब्याज की दरों को ठीक करता है

(c) ग्राहकों की शिकायतों का समाधान करता है

(d) नई बैंक शाखाओं के लिए लाइसेंस जारी करता है

(e) सभी राष्ट्रीयकृत बैंकों का प्रमुख होता है

**60. मनी लॉन्ड्रिंग का अर्थ है-**

(a) मुख्य रूप से आयकर से बचने के लिए आय स्रोत को छिपाना

(b) आपराधिक स्रोत के माध्यम से अर्जित धन।

(c) अज्ञात स्रोतों से प्राप्त धन और विदेशी बैंकों में जमा

(d) अवैध रूप से प्राप्त धन के रूपांतरण की प्रक्रिया वैध स्रोतों से उत्पन्न प्रतीत होती है

(e) नशीले पदार्थों की तस्करी से अर्जित धन

**61. निम्नलिखित में से कौन सा 'रेपो रेट' का सही अर्थ दर्शाता है?**

(ए) दर जिस पर आरबीआई बैंकों को सरकारी प्रतिभूतियां बेचता है

(b) बैंकों द्वारा RBI से रुपये उधार लेने की दर

(सी) बैंकों द्वारा अपने प्रमुख ग्राहकों को दी जाने वाली दर

(डी) प्राथमिकता प्राप्त क्षेत्र ऋणों के अनुदान के लिए लागू दर

(इनमें से कोई नहीं

**62. बचत बैंक खाते खोले जाते हैं-**

(ए) बचत उद्देश्यों के लिए व्यापारिक संस्थाएं, निर्माण संस्थाएं और व्यक्ति

(बी) व्यापारिक उद्देश्यों के लिए व्यापारी और निर्माता

(सी) बचत उद्देश्यों के लिए व्यक्ति

(डी) बचत उद्देश्यों के लिए सीमित कंपनियां और साझेदारी

(ई) बचत के लिए सहकारी बैंक

**63. नकद आरक्षित अनुपात (सीआरआर) और वैधानिक तरलता अनुपात (एसएलआर) निम्नलिखित में से किस उद्योग/बाजार से सबसे निकट से संबंधित शब्द हैं?**

(ए) पूंजी बाजार

(बी) बैंकिंग उद्योग

(सी) कमोडिटी बाजार

(डी) मुद्रा बाजार

(ई) म्यूचुअल फंड उद्योग

**64. हमारे देश में बैंकों द्वारा आम तौर पर घरेलू मीयादी जमाराशि कितनी अधिकतम अवधि के लिए स्वीकार की जाती है?**

(ए) 3 साल

(बी) 5 साल

(सी) 7 साल

(डी) 10 साल

(ई) 12 साल

**65. बैंकिंग विनियमन और पर्यवेक्षण के प्रभारी उप गवर्नर को (बीएफएस) बोर्ड के _________ के रूप में नामित किया गया है:**

आगे

बी) उपाध्यक्ष

ग) राष्ट्रपति

घ) इनमें से कोई नहीं

66. नाबार्ड का मुख्य कार्य _________ और अन्य वित्तीय संस्थानों द्वारा ग्रामीण ऋण संवितरण के लिए पुनर्वित्त प्रदान करना है, जैसा कि भारतीय रिजर्व बैंक द्वारा अनुमोदित किया जा सकता है:

a) राज्य सहकारी बैंक

b) क्षेत्रीय ग्रामीण बैंक

c) राज्य सहकारी बैंक और क्षेत्रीय ग्रामीण बैंक

d) उपरोक्त में से कोई नहीं

67. एनएचबी की स्थापना इस उद्देश्य से की गई है:

क) आवास वित्त संस्थानों को बढ़ावा देने के लिए एक प्रमुख एजेंसी के रूप में कार्य करना

ख) स्थानीय और क्षेत्रीय दोनों स्तरों पर आवास वित्त संस्थानों को बढ़ावा देना

ग) ऐसी संस्थाओं को और उनसे जुड़े मामलों के लिए वित्तीय और अन्य प्रासंगिक सहायता प्रदान करना

घ) उपरोक्त सभी

68. बिजनेस क्रेडिट कार्ड हैं :

क) एक पंजीकृत व्यवसाय के नाम पर जारी किए गए विशिष्ट क्रेडिट कार्ड

बी) केवल व्यावसायिक उद्देश्यों के लिए इस्तेमाल किया जा सकता है।

ग) उपरोक्त दोनों

घ) उपरोक्त में से कोई नहीं

69.व्हाइट लेबल एटीएम का अर्थ है:

क) जिस एटीएम पर बैंक का लोगो नहीं है।

ख) एटीएम पर आरबीआई का लोगो लगा होता है

ग) उपरोक्त दोनों

घ) इनमें से कोई नहीं

70. बैंकिंग लोकपाल __________ द्वारा नियुक्त किया जाता है:

क) केंद्रीय वित्त मंत्री

ख) भारतीय रिजर्व बैंक

ग) सेबी

घ) उपरोक्त में से कोई नहीं

71.वित्तीय संपत्तियों का प्रतिभूतिकरण और पुननिर्माण और प्रतिभूति ब्याज अधिनियम का प्रवर्तन (SARFAESI) का अर्थ है कि उन ऋणों की वसूली जो NPA बन गए हैं, पर लागू नहीं है:

a) सरकार के वित्तीय संस्थान

b) गैर-बैंकिंग वित्तीय कंपनियां

c) छोटे और सहकारी बैंक

d) इनमें से कोई नहीं

**72.** शिकायत के लिए बैंकिंग लोकपाल द्वारा अधिकतम मुआवजा है:

क) 1 लाख रु

ख) 2 लाख रुपये

ग) रु. 5 लाख

घ) 10 लाख रु

**73.** एक चेक में तीन पक्ष होते हैं, आहर्ता, अदाकर्ता और प्राप्तकर्ता।

ए) सच

बी) गलत

**74.** फोन बैंकिंग का उपयोग ऋण आवेदन, निवेश खरीद और मोचन, चेकबुक ऑर्डर, डेबिट कार्ड बदलने, पते में परिवर्तन के लिए नहीं किया जा सकता है।

ए) सच

बी) गलत

**75.**-------- एक शब्द है जिसका उपयोग खाता लेनदेन, मोबाइल डिवाइस जैसे मोबाइल फोन के माध्यम से भुगतान करने के लिए किया जाता है।

a) मोबाइल बैंकिंग

b) फोन बैंकिंग

c) ई-बैंकिंग

**76.** -------- एक बैंक द्वारा प्रदान की जाने वाली सेवा है जो अपने ग्राहकों को टेलीफोन पर लेनदेन करने की अनुमति देती है

a) ई-बैंकिंग

b) मोबाइल बैंकिंग

c) फोन बैंकिंग

**77.** निम्न में से किसे एक वाणिज्यिक बैंक के साथ शून्य शेष या बहुत कम शेष राशि के साथ खोले गए बचत बैंक खाते के रूप में जाना जाता है?

ए। चालू खाता

बी। नो फ्रिल अकाउंट

सी। बचत बैंक-साधारण खाता

डी। छात्र बचत बैंक खाता

**78.** 'फिएट मनी' क्या है?

ए। सरकारी गारंटी द्वारा समर्थित मुद्रा

बी। मूर्त संपत्ति द्वारा समर्थित मुद्रा

सी। सोने के भंडार द्वारा समर्थित मुद्रा

डी। बजटीय समर्थन द्वारा समर्थित मुद्रा

79. जब एक से अधिक बैंक एक दूसरे के समन्वय में एक पार्टी को क्रेडिट सुविधाएं प्रदान करते हैं, तो प्रक्रिया को __________ कहा जाता है।

ए। ऋणमुक्ति

बी। संघ

सी। रोक

डी। माली मदद

80. स्विफ्ट का पूर्ण रूप क्या है?

ए। इंटरबैंक वित्तीय लेनदेन के लिए सुरक्षित विंडो

बी। वित्तीय लेन-देन के मामले में सुरक्षित खिड़की

सी। वर्ल्डवाइड इंटरबैंक फाइनेंशियल टेलीकम्युनिकेशन के लिए सोसायटी

डी। लेन-देन के लिए सुरक्षित खिड़की संस्थान

81. IFSC शब्द में 'S' अक्षर क्या दर्शाता है?

ए। ग्राहक

बी। राज्य

सी। व्यवस्था

डी। स्रोत

इ। मानक

82. एनडीटीएल का पूर्ण रूप क्या है?

ए। नई मांग और कार्यकाल देनदारियां

बी। नेट डिमांड एंड टाइम लायबिलिटीज

सी। राष्ट्रीय जमा और कुल तरलता

डी। शुद्ध मांग और कर देयताएं

83. निम्नलिखित में से कौन सी वह दर है जिस पर भारतीय रिजर्व बैंक धन की कमी की स्थिति में वाणिज्यिक बैंकों को धन उधार देता है?

ए। बेंचमार्क प्राइम लेंडिंग रेट

बी। सालाना दर फीसदी में

सी। बैंक दर

डी। रेपो दर

84. प्रतिभूतियों को खरीदने के लिए निम्नलिखित में से कौन सा धन विभिन्न निवेशकों से एकत्र करता है?

ए। निधि व्युत्पन्न

बी। धन कोष

सी। म्यूचुअल फंड

डी। पेंशन निधि

**85. सीवीवी का पूर्ण रूप क्या है?**

ए। कॉल सत्यापन मूल्य

बी। कार्ड सत्यापन मूल्य

सी। क्रेडिट सत्यापन मूल्य

डी। कोई भी नहीं

**86. वित्तीय जगत में प्रयुक्त शब्द SME में 'M' अक्षर का क्या अर्थ है?**

ए। ज्यादा से ज्यादा

बी। मध्यम

सी। बाज़ार

डी। परस्पर

**87. निम्नलिखित में से कौन सी योजना भारतीय रिजर्व बैंक द्वारा तैयार की गई थी?**

ए। बैंकिंग लोकपाल योजना

बी। जन धन योजना

सी। मुद्रा बैंक योजना

डी। बुटीक वित्तपोषण योजना

**88. आरबीआई द्वारा निष्पादित कार्यों के बारे में निम्नलिखित में से कौन सा सही है?**

(i) यह बैंक ऑफ इश्यू है , ( ii) यह सरकार के बैंकर के रूप में कार्य करता है

(iii) यह अन्य बैंकों का बैंकर है ,(iv) यह क्रेडिट के प्रवाह को नियंत्रित करता है।

ए) दोनों (i) और (ii)

बी) दोनों (iii) और (iv)

सी) सब से ऊपर

डी) इनमें से कोई भी नहीं

**89. निम्न में से कौन सी वह दर है जिस पर भारतीय रिजर्व बैंक धन की कमी की स्थिति में वाणिज्यिक बैंकों को धन उधार देता है?**

ए। बेंचमार्क प्राइम लेंडिंग रेट

बी। सालाना दर फीसदी में

सी। बैंक दर

डी। रेपो दर

**90. सीआरआर का पूर्ण रूप क्या है?**

ए। कैश रिजर्व रेट

बी। कैश रिजर्व रियो

सी। नकद मंदी अनुपात

डी। कोर रिजर्व रेट

**91. आरबीआई के पहले भारतीय गवर्नर कौन थे?**

ए। सीडी देशमुख

बी। बेनेगल रामा राव

सी। आरके शनमुखम चेट्टी

डी। केजी अंबेगांवकर

**92. भारतीय रिजर्व बैंक की स्थापना किस तिथि को हुई थी ?**

ए। 1 अप्रैल, 1935

बी। 12 जुलाई, 1982

सी। 26 मई 2006

डी। 30 सितम्बर 2005

**93. आरबीआई के प्रथम गवर्नर कौन थे ?**

ए। जेम्स ब्रैड टेलर

बी। मिहिर सेन

सी। नागेंद्र सिंह

डी। ओसबोर्न स्मिथ

**94. मुद्रास्फीति को नियंत्रित करने के लिए भारतीय रिजर्व बैंक द्वारा उपयोग किया जाने वाला सबसे शक्तिशाली उपकरण कौन सा है?**

ए। ब्याज दरें बढ़ाएं

बी। वर्तमान आपूर्ति बढ़ाएँ

सी। वर्तमान आपूर्ति कम करें

डी। ब्याज दरें कम करें

**95. मौद्रिक नीति का नियमन कौन करता है ?**

ए। आईआरडीए

बी। भारतीय रिजर्व बैंक

सी। सेबी

डी। सिडबी

इ। वित्त मंत्रालय

**96. माइक्रोफाइनेंस कंपनी का नाम बताएं जो वाणिज्यिक बैंक के रूप में संचालन शुरू करने वाली पहली कंपनी बन गई है?**

ए। भुगतान टीएएम बैंक

बी। वोडाफोन एम-पीसा बैंक

सी। यस बैंक

डी। बंधन बैंक

**97. एनबीएफसी का पूर्ण रूप क्या है?**

ए। गैर-बैंक वित्तीय प्रतियोगिता

बी। गैर-बैंक विदेशी कंपनी

सी। गैर-बैंकिंग वित्तीय कंपनी

डी। गैर-बैंकिंग वित्त निगम

**98. भारत में बैंकों का बीमा कौन करता है?**

ए। आईआरडीए

बी। एग्जिम

सी। डीआईसीजीसी

डी। ईसीजीसी

**99. आरआरबी में केंद्रीय, राज्य और प्रायोजक बैंक का सही हिस्सा निम्नलिखित में से ______ है?**

ए। 35%, 40%, 25%

बी। 15%, 35%, 50%

सी। 30%, 35%, 35%

डी। 50%, 15%, 35%

**100. निम्नलिखित में से कौन सा शीर्ष निकाय आरआरबी को नियंत्रित करता है?**

ए। भारतीय रिजर्व बैंक

बी। नाबार्ड

सी। सिडबी

डी। राज्य सरकार

<u>उत्तर</u>

1 बी

2 ए

3 डी

4 सी

5 डी

6 डी

7 डी

8 सी

9 ए

10 डी

11 डी

12 ए
13 सी
14 डी
15 बी
16 डी
17 ए
18 ए
19 सी
20 बी
21 बी
22 बी
23 बी
24 ए
25 सी
26 डी
27 डी
28 सी
29 सी
30 ए
31 सी
32 बी
33 बी
34 डी
35 डी
36 डी
37 सी
38 सी
39 सी
41 डी
42 सी
43 ए
44 ए
45 बी
46 बी

47 डी

48 बी

49 सी

50 बी

51 बी

52 डी

53 सी

54 बी

55 ई

56 बी

57 सी

58 ई

59 सी

60 डी

61 बी

62 सी

63 बी

64 डी

65 बी

66 सी

67 डी

68 सी

69 ए

70 बी

71 बी

72 डी

73 ए

74 बी

75 ए

76 सी

77 बी

78 ए

79 बी

80 सी

81 सी
82 बी
83 डी
84 सी
85 बी
86 बी
87 ए
88 सी
89 डी
90 बी
91 ए
92 ए
93 डी
94 ए
95 बी
96 डी
97 सी
98 सी
99 डी
100 बी

# 2

# अध्याय दो(एमसीक्यू उत्तर के साथ)

1. एक चेक को जारीकर्ता/जारी करने वाले द्वारा क्रॉस किया जा सकता है और उसके चेहरे पर दो समानांतर अनुप्रस्थ रेखाएँ खींचकर होल्ड किया जा सकता है, या तो "परक्राम्य नहीं" या "और कंपनी" या "खाता प्राप्तकर्ता" शब्दों के साथ या बिना: के रूप में जाना जाता है:

A. अनुमोदित क्रॉसिंग

B. विशेष क्रॉसिंग

C. जनरल क्रॉसिंग

D. उपरोक्त में से कोई नहीं

2. "एसएलबीसी" का अर्थ है :

A. राज्य स्तरीय बैंकर समन्वय समिति

B. राज्य स्तरीय बैंकर समिति

C. राज्य स्तरीय बैंकर्स क्लब

D. उपरोक्त में से कोई नहीं

3. किसी भी उम्र का व्यक्ति अपना बचत बैंक खाता खोल और संचालित कर सकता है

A. सत्य

B. झूठा

4.नए दिशा-निर्देशों के अनुसार सभी लघु ऋण रु. -------- प्रति उधारकर्ता माइक्रोक्रेडिट के तहत वर्गीकृत किया जाएगा

ए. 25000

बी 20000

सी. 40000

डी 50000

5. निर्दिष्ट व्यक्ति को एक निर्दिष्ट राशि का भुगतान करने के लिए एक बैंक की एक शाखा द्वारा दूसरी शाखा पर जारी किया गया भुगतान आदेश क्या है?

ए. साख पत्र

बी बैंकर्स ड्राफ्ट

सी. इलेक्ट्रॉनिक फंड ट्रांसफर

डी. उपरोक्त में से कोई नहीं

6. एक अशिक्षित ग्राहक, जिसके पास बचत बैंक खाता है, अपने खाते को संचालित करने के लिए किसी अन्य व्यक्ति को प्राधिकृत करना चाहता है

A. अनुबंध करने में अक्षम होने के कारण एक निरक्षर एजेंट नियुक्त नहीं कर सकता

B. चूंकि एक अनपढ़ व्यक्ति मुख्तारनामा नहीं दे सकता है: उसके अनुरोध पर विचार नहीं किया जा सकता है।

C. अनपढ़ ग्राहक को मुख्तारनामा निष्पादित करना होता है

D. उपरोक्त सभी

7.एक बचत बैंक खाते को निष्क्रिय खातों के रूप में माना जाएगा यदि खाते में पिछले -------- के लिए कोई संचालन नहीं है

ए) दो साल

बी) तीन साल

सी) चार साल

डी)पांच साल

8.निम्नलिखित में से कौन सी शुल्क आधारित सेवा है?

ए. चेकों का संग्रह

बी. सुरक्षित जमा लॉकर

सी. स्थायी निर्देश

डी. मर्चेंट बैंकिंग सेवाएं

ई. उपरोक्त सभी

9. जब कोई ग्राहक किसी व्यक्ति को उसके किराए के भुगतान के लिए हर महीने एक निर्दिष्ट राशि जमा करने के लिए बैंक को स्थायी निर्देश देता है, तो दोनों के बीच संबंध है

ए. देनदार और लेनदार

बी. प्रिंसिपल और एजेंट

सी. ट्रस्टी और लाभार्थी

डी. पट्टादाता और पट्टेदार

10.सरफेसी अधिनियम 2002 के तहत अपने अधिकार को लागू करने के लिए बैंक को उधारकर्ता को --------दिन का नोटिस देना आवश्यक है

A. 30

B.45

C.90

D. 60

E. 120

**11.** मनी लॉन्ड्रिंग संदर्भित करता है

A. आस्तियों का नकदी में परिवर्तन

B. धन का रूपांतरण जो अवैध रूप से प्राप्त किया गया है

C. नकदी का सोने में रूपांतरण

**12.** निम्नलिखित में से कौन KIOSK बैंकिंग चैनल के अंतर्गत प्रमुख पदाधिकारी हैं?

A. प्रशासक-एक बैंक अधिकारी

B. व्यापार संवाददाता

C. कियॉस्क ऑपरेटर

D. उपरोक्त सभी

**13.** "नाबार्ड" का विस्तार करें-

A. राष्ट्रीय कृषि और ग्रामीण विकास बैंक

B. न्यू बैंक फॉर एग्रीकल्चर एंड रूरल डेवलपमेंट

C. राष्ट्रीय कृषि और क्षेत्रीय विकास बैंक

D. न्यू बैंक फॉर एग्रीकल्चर को-ऑपरेटिव एंड रूरल डेवलपमेंट

**14.** आप किसके लिए चालू खाता नहीं खोलेंगे?

A. एक निरक्षर व्यक्ति

B. एक साक्षर व्यक्ति

C. 60 वर्ष की वृद्ध महिलाएं

D. शारीरिक रूप से विकलांग

**15.** पीएमएमवाई ऋण कहां से प्राप्त किया जा सकता है?

A. सार्वजनिक क्षेत्र के बैंक, निजी क्षेत्र के बैंक, विदेशी बैंक, सहकारी बैंक, आरआरबी, एनबीएफसी, एमएफआई

B. सीधे मुद्रा से

C. A और B दोनों

**16.** इंटरनेट बैंकिंग लेनदेन शामिल नहीं हैं

A. भारत में कहीं भी नकदी की निकासी

B. एक विशिष्ट अवधि के लिए खाते के लिए विवरण

C. एक a/c से दूसरे a/c में धन का स्थानांतरण

D. बैलेंस पूछताछ

**17.** क्या पीएमजेडीवाई के तहत एक से अधिक खातों में ओवरड्राफ्ट सुविधा का लाभ उठाया जा सकता है?

क. रु. 5000/- तक की ओवरड्राफ्ट सुविधा प्रति परिवार केवल एक खाते में उपलब्ध है, अधिमानतः महिला परिवार।

ख. प्रति परिवार एक खाते में रु. 5000/- तक की ओवरड्राफ्ट सुविधा उपलब्ध है।

ग. प्रति परिवार सभी खातों में रु. 5000/- तक की ओवरड्राफ्ट सुविधा उपलब्ध है।

घ. कोई ओवरड्राफ्ट सुविधा उपलब्ध नहीं है।

18. उन स्थानों पर बैंकिंग सेवाएं प्रदान करने के लिए बैंक द्वारा नियुक्त बिजनेस कॉरेस्पोंडेंट एजेंट को क्या नाम दिया गया है जहां शाखा खोलना व्यवहार्य नहीं है?

A. बैंक मित्र

B. बैंक दूत

C. बैंक प्रचारक

D. बैंक साथी

19.मुद्रा के तहत ऋण प्राप्त करने के लिए कौन से दस्तावेज जमा करने की आवश्यकता है?

A. मानक ऋण आवेदन पत्र

B. केवाईसी और अन्य कानूनी दस्तावेज जो उधार देने वाले बैंक/एनबीएफसी/एमएफआई के आंतरिक दिशानिर्देशों के अनुसार आवश्यक हो सकते हैं

C. उपरोक्त दोनों

20. गोपनीयता बनाए रखने के लिए एक बैंकर की बाध्यता लागू होती है

ए. मौजूदा जमा खाता

बी. मौजूदा सुरक्षित जमा खाता

सी. बंद जमा खाते

डि. उपरोक्त सभी

21.आवर्ती जमा में,

A. हर महीने एक निश्चित राशि जमा की जाती है

B. जमा की अवधि एक निश्चित अवधि है

C. एफडीआर दर पर ब्याज का भुगतान किया जाता है

D. उपरोक्त सभी

22. बैंक और लॉकर के किराएदार के बीच का संबंध पट्टेदार और पट्टेदार का है।

A.सत्य

B. झूठा

23.एलआईसी पॉलिसी के खिलाफ आगे बढ़ते समय बनाए गए शुल्क की प्रकृति है

ए) लियन

बी) असाइनमेंट

सी) प्रतिज्ञा

डी) दृष्टिबंधक

**24. बैंक जमा खातों में बैंकर और ग्राहक के बीच संबंध**

ए. बेली और बेलीर

बी. लेनदार और देनदार

सी. पट्टादाता और पट्टेदार

डी. देनदार और लेनदार

**25. गार्निशी आदेश के मामले में बैंकर और ग्राहक के बीच संबंध**

ए. बेली और बेलीर

बी. लेनदार और देनदार

सी. पट्टादाता और पट्टेदार

डी. देनदार और लेनदार

26. सुरक्षित जमा लॉकर के मामले में बैंकर और ग्राहक के बीच संबंध

ए. बेली और बेलीर

बी लेनदार और देनदार

सी. पट्टादाता और पट्टेदार

डी. देनदार और लेनदार

27. सुरक्षित जमा वस्तु के मामले में बैंकर और ग्राहक के बीच संबंध

ए. बेली और बेलीर

बी. लेनदार और देनदार

सी. पट्टादाता और पट्टेदार

डी. देनदार और लेनदार

28. बैंक ऋण और अग्रिम खातों के मामले में बैंकर और ग्राहक के बीच संबंध

ए. बेली और बेलीर

बी. लेनदार और देनदार

सी. पट्टादाता और पट्टेदार

डी. देनदार और लेनदार

29. बैंक की सावधि जमाओं के विरुद्ध आगे बढ़ने पर सृजित प्रभार की प्रकृति है

ए. लियन

बी. असाइनमेंट

सी. प्रतिज्ञा

डी. दृष्टिबंधक

30.सोने के आभूषणों के विरुद्ध आगे बढ़ने पर उत्पन्न होने वाले आवेश की प्रकृति होती है

ए. लियन

बी. असाइनमेंट

सी. प्रतिज्ञा

डी. दृष्टिबंधक

31.एक वाहन की खरीद के लिए अग्रिम प्रदान किए जाने पर सृजित शुल्क की प्रकृति है

ए. लियन

बी. असाइनमेंट

सी. प्रतिज्ञा

डी. दृष्टिबंधक

32.सावधि जमा खातों के लिए नामांकन सुविधा उपलब्ध है।

A. सत्य

B. झूठा

33.डीएसए का अर्थ है ------------------

ए. डेबिट स्थायी प्राधिकरण

बी डायरेक्ट सेलिंग एजेंट

सी. A और B दोनोंसीसीसीसीसीसीसी

डी. उपरोक्त में से कोई नहीं

34. एक इकाई को सेवा क्षेत्र में एक सूक्ष्म उद्यम के रूप में वर्गीकृत किया जाएगा यदि इसका उपकरण में निवेश रु.--------- से अधिक नहीं है

ए. 50 लाख

बी 10 लाख

सी. 25 लाख

डी. 1 लाख

35. संयंत्र और मशीनरी में निवेश के मामले में एक इकाई को एक सूक्ष्म उद्यम के रूप में वर्गीकृत किया जाएगा, अगर यह संयंत्र और मशीनरी में निवेश रुपये से अधिक नहीं है.---------

ए. 50 लाख

बी 10 लाख

सी. 25 लाख

डी. 1 लाख

36. एक इकाई को सेवा क्षेत्र में एक लघु उद्यम के रूप में वर्गीकृत किया जाएगा यदि इसका उपकरण में निवेश रुपये से अधिक नहीं है.---------

ए. 5 करोड़

बी. 10 करोड़

सी. 2 करोड़

डी. 1 करोड़

37. एक इकाई को सेवा क्षेत्र में एक मध्यम उद्यम के रूप में वर्गीकृत किया जाएगा यदि यह उपकरण में निवेश रुपये से अधिक नहीं है.----------

ए. 5 करोड़

बी. 10 करोड़

सी. 2 करोड़

डी. 1 करोड़

38. संयंत्र और मशीनरी में निवेश के मामले में एक इकाई को एक लघु उद्यम के रूप में वर्गीकृत किया जाएगा, यदि यह संयंत्र और मशीनरी में निवेश रुपये से अधिक नहीं है.----------

ए. 500 लाख

बी. 100 लाख

सी. 250 लाख

डी. 10 लाख

39. संयंत्र और मशीनरी में निवेश के मामले में एक इकाई को एक मध्यम उद्यम के रूप में वर्गीकृत किया जाएगा, अगर यह संयंत्र और मशीनरी में निवेश रुपये से अधिक नहीं है.----------

ए. 5 करोड़

बी. 10 करोड़

सी. 2 करोड़

डी. 1 करोड़

40. ब्याज दर ज्ञात कीजिये, यदि वर्तमान मूल्य रु.100/- है और भविष्य का मूल्य तीन वर्षों में रु.115.76 हो जाता है?

ए. 4%

बी. 5%

सी. 6%

डी. 7%

41. प्रधानमंत्री जन धन योजना (पीएमजेडीवाई) के मिशन मोड में छह स्तंभ शामिल हैं, निम्नलिखित में से कौन सी वस्तु पहले चरण में कवर की जाएगी?

ए. बैंकिंग सुविधाओं तक सार्वभौमिक पहुंच

बी. सभी घरवालों को ओवरड्राफ्ट सुविधा और रुपे डेबिट कार्ड के साथ बुनियादी बैंकिंग खाते प्रदान करना

सी. वित्तीय साक्षरता कार्यक्रम

डी. ऊपर के सभी

**42. चेक का भुगतान रोकने का निर्देश किसके द्वारा जारी किया जा सकता है?**

ए. भुगतानकर्ता

बी. एंडोर्सी

सी. दराज

डी. अदाकर्ता

**43.रुपे डेबिट कार्ड किसके द्वारा पेश किया गया है**

ए. आरबीआई

बी. एनपीसीआई

सी. आईबीए

डी. भारत सरकार

**44.निम्नलिखित में से किस प्रकार के नामांकन की अनुमति नहीं है?**

A. जीवनसाथी के पक्ष में

B. बच्चे के पक्ष में

C. मेजर चाइल्ड के पक्ष में

D. उपरोक्त में से कोई नहीं

**45. एटीएम का मतलब है**

A. ऑटोमेटेड टेलर मशीन

B. कभी भी पैसा

C. महिंद्रा का ऑटो ट्रक

D. उपरोक्त में से कोई नहीं

**46.व्हाइट लेबल एटीएम द्वारा उपयोग किया जाता है**

A. राष्ट्रीयकृत बैंक

B. विदेशी बैंक

C. क्षेत्रीय ग्रामीण बैंक

D. गैर-बैंकिंग वित्तीय कंपनियां

**47.पिंक लेबल एटीएम किसके लिए डिजाइन किया गया है**

ए. केवल पुरुष

बी. केवल महिलाएं

सी. उपरोक्त दोनों

डी. उपरोक्त में से कोई नहीं

**48.सावधि जमा नहीं हो सकता**

A. परिपक्वता तिथि पर आगे की अवधि के लिए नवीनीकृत

B. तीसरे पक्ष को हस्तांतरित

C. परिपक्वता तिथि से पहले प्री-पेड

D. सुरक्षा के रूप में बैंक को गिरवी नहीं रखा जा सकता है

49. बचत बैंक खाते आम तौर पर खोले जाते हैं:

ए. व्यक्तिगत

बी. फर्म

सी. कंपनियां

डि. व्यक्तियों का संघ

50. आरओसी के साथ पंजीकृत कंपनी द्वारा बनाए गए दृष्टिबंधन शुल्क में बैंक के लिए कम जोखिम होता है।

A.सत्य

B. झूठा

51. अवयस्क अपने द्वारा संचालित होने वाला बचत खाता खोल सकता है

A. सत्य

B. झूठा

52. पहले की वित्तीय समावेशन योजना "स्वाभिमान" की तुलना में प्रधानमंत्री जन धन योजना (पीएमजेडीवाई) की एक अलग लक्ष्य इकाई है। "स्वाभिमान" की लक्षित इकाई क्या थी?

A. बेरोजगार मजदूरों का कवरेज

B. गरीबी रेखा से नीचे के परिवारों का कवरेज

C. कृषि में नियोजित कार्यबल का कवरेज

D. गांवों का कवरेज

53.फसल ऋण के लिए वित्त का पैमाना किसके द्वारा तय किया जाता है

A. जिला स्तरीय तकनीकी समिति

B. ब्लॉक स्तरीय तकनीकी समिति

C. राज्य स्तरीय तकनीकी समिति

D. व्यक्तिगत बैंक

54. जब किसी बैंक के ग्राहक द्वारा कोई एफडीआर खो दिया जाता है, तो कौन सा दस्तावेज निष्पादित किया जाता है?

ए) गारंटी बांड

बी) सरकारी बंधन

सी) प्रॉमिसरी बॉन्ड

डी) क्षतिपूर्ति बांड

55. एकीकृत सर्किट में डेटा स्टोर करने वाले कार्ड भी कहलाते हैं

A. स्मार्ट कार्ड

B. चुंबकीय पट्टी कार्ड

C. उपरोक्त दोनों

D. उपरोक्त में से कोई नहीं

56. नाबालिगों के संरक्षण में खाता खोला जा सकता है

ए) माता और पिता

बी) पिता या माता

सी) दादा

डी) बड़े भाई

57. अग्रिम धन के भुगतान को सुरक्षित करने या ऋण के माध्यम से उन्नत करने के उद्देश्य से विशिष्ट अचल संपत्ति में ब्याज का हस्तांतरण क्या है?

ए) शपथ

बी) बंधक

सी) स्थानांतरण

डी) जमानत

58. बीमा की कितनी राशि तक जमा राशि का बीमा किया जाता है?

A. बैंक की प्रति शाखा प्रति जमाकर्ता रु. 1 लाख

B. प्रति बैंक प्रति जमाकर्ता रु. 1 लाख

C. बैंकिंग प्रणाली से प्रति जमाकर्ता रु. 1 लाख

D. रु. 1 लाख प्रति जमाकर्ता एकल या संयुक्त रूप से धारित है

59. बैंक के प्रमुख कार्य हैं

A. ऋण देने और निवेश के लिए जमाराशियां स्वीकार करना

B. समाशोधन

C. अंतर-शाखा लेनदेन का समायोजन और समाधान

D. अपने ग्राहक को मासिक विवरण भेजना

60. पीएमजेडीवाई एलआईसी बीमा रु.30000/- पहली बार खोले गए खातों के लिए उपलब्ध है

A. 15 अगस्त 2014 को

B. 26 जनवरी 2015 को

C. 15 अगस्त 2014 और 26 जनवरी 2015 के बीच

D. उपरोक्त में से कोई नहीं

61. पीएमएसबीवाई एक ______ है

ए) जीवन बीमा योजना

बी) दुर्घटना बीमा योजना

सी) पेंशन गारंटी योजना

डी) ये सभी

**62. पीएमएसबीवाई में कोई व्यक्ति अधिकतम कितनी आयु में नामांकन करा सकता है?**

ए) 50

बी) 55

सी) 60

डी) 70

**63. पीएमएसबीवाई के तहत प्रति वर्ष कितना प्रीमियम भुगतान किया जाना है?**

ए) रुपये 6

बी) रुपये 12

सी) रुपये 100

डी) रुपये 330

**64. पीएमएसबीवाई की समाप्ति अवधि क्या है?**

A) जब कोई व्यक्ति 70 वर्ष की आयु प्राप्त करता है

B) जब कोई व्यक्ति 80 वर्ष की आयु प्राप्त करता है

C) जब कोई व्यक्ति 90 वर्ष की आयु प्राप्त करता है

D) कोई समाप्ति नहीं

**65. पीएमएसबीवाई के तहत मृत्यु लाभ क्या है?**

A) 2 लाख रुपये

B) 1 लाख रुपये

C) 3 लाख रुपये

D) 4 लाख रुपये

**66. पीएमएसबीवाई के तहत दोनों अंगों (या तो दोनों हाथ/पैर या आंख) की हानि/अक्षमता के लिए क्या लाभ है?**

A) 1 लाख रुपये

B) 2 लाख रुपये

C) 50,000 रुपये

D) 4 लाख रुपये

**67. एक अंग (या तो एक हाथ/पैर या आंख) की हानि/अक्षमता के लिए पीएमएसबीवाई के तहत क्या लाभ है?**

A) 50,000 रुपये

B) 1 लाख रुपये

C) 2 लाख रुपये

D) 1.5 लाख रुपये

68. निम्नलिखित में से कौन सी स्थिति PMSBY के तहत कवर नहीं होगी?

ए) रेल दुर्घटना के कारण मौत

बी) बिजली दुर्घटना के कारण मौत

सी) आत्महत्या के कारण मौत

डी) हत्या के कारण मौत

69. किस प्रकार के खाते वाला व्यक्ति पीएमएसबीवाई का विकल्प चुन सकता है?

A) बचत खाता

B) चालू खाता

C) सावधि जमा खाता

D) इनमें से कोई भी

70. एक वर्ष में पीएमएसबीवाई की कवरेज अवधि _____ है?

A) 1 अप्रैल से 31 मार्च

B) 1 जनवरी से 31 दिसंबर

C) 1 जून से 31 मई

D) 1 जुलाई से 30 जून

71. पीएमजेजेबीवाई एक प्रकार का _____ है?

ए) एडी एंड डी योजना

बी) जीवन बीमा योजना

सी) पेंशन योजना

डी) ऋण योजना

72. पीएमजेजेबीवाई में लोग किस न्यूनतम और अधिकतम उम्र में नामांकन कर सकते हैं?

ए) 10-70

बी) 18-70

सी) 10-50

डी) 18-50

73. पीएमजेजेबीवाई के तहत प्रति वर्ष कितना प्रीमियम भुगतान किया जाना है?

ए) रुपये 12/-

बी) रुपये 100/-

सी) रुपये 300/-

डी) रुपये 330/-

74. पीएमजेजेबीवाई की समाप्ति अवधि क्या है?

A) जब व्यक्ति 70 वर्ष का हो जाता है

B) जब व्यक्ति 80 वर्ष का हो जाता है

C) जब व्यक्ति 50 वर्ष का हो जाता है

D) इनमें से कोई नहीं

75. पीएमजेजेबीवाई के तहत मृत्यु लाभ क्या है?

ए) 50,000 रुपये

बी) 1,00,000 रुपये

सी) 2,00,000 रुपये

डी) 4,00,000 रुपये

76. दोनों अंगों (या तो दोनों हाथ/पैर या आंख) की हानि/अक्षमता के लिए पीएमजेजेबीवाई के तहत क्या लाभ है?

ए ) 50,000 रुपये

बी) 1,00,000 रुपये

सी) 2,00,000 रुपये

डि) ऐसा कोई लाभ नहीं

77. पीएमजेजेबीवाई में एक व्यक्ति को पॉलिसी समाप्त होने के बाद 55 वर्ष की आयु प्राप्त करने पर कितनी परिपक्वता राशि मिलेगी?

ए) 2,00,000 रुपये

बी) 1,00,000 रुपये

सी) 4,00,000 रुपये

डी) एक व्यक्ति को ऐसा कोई लाभ नहीं मिलेगा

78. किस प्रकार का खाता रखने वाला व्यक्ति पीएमजेजेबीवाई का विकल्प चुन सकता है?

A) बचत खाता

B) चालू खाता

C) सावधि जमा खाता

D) इनमें से कोई भी

79. निम्नलिखित में से किस स्थिति(ओं) के तहत पीएमजेजेबीवाई पॉलिसी समाप्त हो सकती है?

A) 55 वर्ष की आयु प्राप्त करने पर

B ) बैंक में खाता बंद करना

C) खाते में शेष राशि की कमी

D) उपरोक्त सभी

80. एक वर्ष में पीएमजेजेबीवाई की कवरेज अवधि ______ है?

A) 1 जुलाई से 30 जून

B) 1 जून से 31 मई

C) 1 जनवरी से 31 दिसंबर

D) 1 अप्रैल से 31 मार्च

**81. पीएमएमवाई का क्या अर्थ है?**

क) प्रधानमंत्री धन योजना

ख) प्रधानमंत्री मुद्रा योजना

ग) प्राथमिक मुद्रा बाजार योजना

**82. पीएमएमवाई के तहत उपलब्ध अधिकतम ऋण राशि क्या है?**

ए) 5.00 लाख

बी) 10.00 लाख

सी) 50.00 लाख

**83 . "शिशु" श्रेणी के अंतर्गत कितना ऋण प्राप्त किया जा सकता है?**

क) 10,000/-

ख) 50,000/-

ग) 1,00,000/-

**84. 5 लाख रुपये का ऋण किस श्रेणी में आता है ?**

क) शिशु

बी) किशोर

सी) तरुण

**85. _________________ से संबंधित किसी भी गतिविधि को करने के लिए किस उद्देश्य के लिए मुद्रा ऋण लिया जा सकता है?**

ए) विनिर्माण, प्रसंस्करण, व्यापार, सेवाएं

बी) व्यक्तिगत ऋण

सी) प्राथमिक या द्विवतीयक बाजार में शेयरों, वस्तुओं में निवेश

**86. पीएमएमवाई ऋण किस उद्देश्य के लिए दिया जाता है?**

ए) आय सृजन उद्देश्य

बी) उपभोग उद्देश्य

सी) उपरोक्त दोनों

**87. पीएमएमवाई के तहत एमएसई के लिए ऋण प्राप्त करने के लिए बैंकों के पास रखी जाने वाली संपार्श्विक/प्रतिभूतियां क्या हैं?**

ए) चल या अचल संपत्तियों का बंधक

बी) थर्ड-पार्टी गारंटी

सी) शून्य

**88. पीएमएमवाई ऋण का लाभ कौन उठा सकता है?**

ए) कोई भी भारतीय नागरिक

बी) कोई भी फर्म, निकाय कॉर्पोरेट, कंपनी, या भारत में निगमित कोई अन्य संस्था

सी) दोनों (ए) और (बी)

89. पीएमएमवाई से ऋण कहाँ से प्राप्त किया जा सकता है?

ए) सार्वजनिक क्षेत्र के बैंक, निजी क्षेत्र के बैंक, विदेशी बैंक, सहकारी बैंक, आरआरबी, एनबीएफसी और एमएफआई

बी) सीधे पीएमएमवाई के तहत मुद्रा ऋण पर मुद्रा बहुविकल्पीय प्रश्नों से

सी) दोनों ए) और बी)

90. किस बैंक से पीएमएमवाई ऋण प्राप्त किया जा सकता है?

a) ग्राहक का बैंक के साथ बैंकिंग संबंध है

b) ग्राहक का बैंक के साथ पूर्व बैंकिंग संबंध (बचत/चालू खाता) नहीं है

c) दोनों ए) और बी)

91. पीएमएमवाई ऋण के तहत मुद्रा की क्या भूमिका है?

a) MUDRA एक प्रत्यक्ष ऋण देने वाली संस्था है और छोटी/सूक्ष्म इकाइयों के उद्यमियों को सीधे PMMY के लिए उधार देती है

b) एक पुनर्वित्त एजेंसी के रूप में कार्य करता है और सभी बैंकों, एनबीएफसी, एमएफआई को ग्राहक की आवश्यकता के अनुसार पीएमएमवाई ऋण की विभिन्न श्रेणियों के तहत ग्राहकों को ऋण देने के लिए पुनर्वित्त करता है।

c) मुद्रा बैंकों का नियामक है

92. उधारकर्ता मुद्रा कार्ड के साथ परेशानी मुक्त और लचीले तरीके से क्रेडिट का लाभ उठा सकते हैं जो एक _______________ है

ए) स्वीकृत सीमा के साथ डेबिट कार्ड

बी) क्रेडिट कार्ड

सी) साधारण डेबिट कार्ड

93. मुद्रा कार्ड, किस भुगतान प्लेटफॉर्म पर कार्ड से डेबिट किया जाता है?

ए) रुपे

बी) वीजा

सी) मास्टरकार्ड

94. मुद्रा कार्ड का क्या उपयोग है? और इसका इस्तेमाल कैसे किया जा सकता है?

a) एटीएम या बिजनेस कॉरेस्पॉडेंट से नकदी निकालने में

b) प्वाइंट ऑफ सेल (पीओएस) मशीन का उपयोग करके खरीदारी करें।

c) उपरोक्त दोनों

95. ग्राहक को मुद्रा कार्ड कौन जारी करता है?

ए) बैंक या तो सीधे या एमएफआई के सहयोग से

बी) एमएफआई सीधे

सी) मुद्रा

96. पीएमएमवाई ऋण ____________ पर लागू होते हैं?

ए) पूरे भारत में सभी बैंक

बी) भारत में अधिसूचित क्षेत्रों / स्थानों के भीतर

सी) पूरे भारत और विदेशों में सभी बैंक

97. बैंकों, एनबीएफसी, एमएफआई द्वारा उधारकर्ताओं को दिए गए पीएमएमवाई ऋणों की ब्याज दरें क्या हैं?

ए) उधार देने वाले बैंकों, एनबीएफसी, एमएफआई द्वारा तय की गई उचित दरें जो समग्र आरबीआई दिशानिर्देशों के अंतर्गत होनी चाहिए

बी) मुद्रा द्वारा निर्धारित दरें

सी) आरबीआई द्वारा निर्धारित समान दरें

98. पीपीएमवाई ऋण किस अवधि के लिए प्रदान किए जाते हैं?

ए) 1 वर्ष

बी) 2 साल

सी) व्यवसाय के नकदी प्रवाह पर निर्भर करता है और ऋण देने वाली संस्था द्वारा तय किया जाता है

99. ऋण की स्वीकृति न होने की स्थिति में बैंक अधिकारियों के विरुद्ध शिकायत निवारण तंत्र क्या उपलब्ध है?

ए) मामले को बैंक के अगले उच्च कार्यालय (क्षेत्र/अंचल) में भेजा जा सकता है

बी) ग्राहक बैंक के नोडल अधिकारी-पीएमएमवाई या पीएमएमवाई मिशन कार्यालय या पीएमएमवाई टोल-फ्री पर शिकायत दर्ज कर सकते हैं

सी) उपरोक्त दोनों

100. मुद्रा के तहत ऋण प्राप्त करने के लिए कौन से दस्तावेज जमा करने की आवश्यकता है?

ए) मानक ऋण आवेदन पत्र

बी) केवाईसी, और अन्य दस्तावेज जो उधार देने वाले बैंक / एनबीएफसी / एमएफआई के आंतरिक दिशानिर्देशों के अनुसार आवश्यक हो सकते हैं

सी) उपरोक्त दोनों

<u>उत्तर</u>
1 सी
2 बी
3 बी
4 डी
5 बी

6 सी

7 ए

8 ई

9 बी

10 डी

11 बी

12 डी

13 ए

14 ए

15 ए

16 ए

17 ए

18 ए

19 सी

20 डी

21 डी

22 ए

23 बी

24 डी

25 डी

26 सी

27 ए

28 बी

29 ए

30 सी

31 डी

32 ए

33 सी

34 बी

35 सी

36 सी

37 ए

38 ए

39 बी

40 बी

41 डी

42 सी

43 बी

44 डी

45 ए

46 डी

47 बी

48 बी

49 ए

50 ए

51 ए

52 डी

53 ए

54 डी

55 ए

56 बी

57 बी

58 बी

59 ए

60 सी

61 बी

62 डी

63 बी

64 ए

65 ए

66 बी

67 बी

68 सी

69 ए

70 सी

71 बी

72 डी

73 डी

74 डी

75 सी

76 डी

77 डी

78 ए

79 डी

80 बी

81 बी

82 बी

83 बी

84 बी

85 ए

86 ए

87 सी

88 सी

89 ए

90 सी

91 बी

92 ए

93 ए

94 सी

95 ए

96 ए

97 ए

98 सी

99 सी

100 सी

# 3

# अध्याय तीन(एमसीक्यू उत्तर के साथ)

**_बोल्ड आइटम सही उत्तर हैं।_ ( बोल्ड विकल्प सही उत्तर हैं।)**

Q1। दो अनुप्रस्थ समानांतर रेखाओं को क्रासिंग में खाता प्राप्तकर्ता है

ए. विशेष क्रॉसिंग

**बी. जनरल क्रॉसिंग**

सी. प्रतिबंधित क्रॉसिंग

डी. यूनिवर्सल क्रॉसिंग

Q2। डेबिट कार्ड में निम्नलिखित में से कौन सी विशेषताएं उपलब्ध होती हैं

ए) खरीद के लिए भुगतान सीधे खाते में डेबिट किया जाता है

बी) एटीएम के माध्यम से नकद निकासी खाते से तुरंत डेबिट की जाती है

ग) खरीद/उपयोग के लिए किए गए भुगतान को एक निश्चित अवधि के बाद बाद में डेबिट किया जाएगा

**डी) दोनों ए) और बी)**

Q3। निम्न में से कौन कमजोर वर्ग के ऋण के अंतर्गत नहीं आएगा

A. ऋण सीमांत/छोटे किसानों को दिया जाता है

B. कारीगरों, ग्रामीण और कुटीर उद्योगों को ऋण दिया जाता है

C. एसटी/एसटी कर्जदारों को अग्रिम

**D. महिला लाभार्थियों को 1 लाख से अधिक का ऋण**

Q4। फ्लोटिंग रेट ऑफ इंटरेस्ट वह दर है जो________ है

A. बैंक द्वारा मनमाने ढंग से निर्णय लिया गया

**B. एक अन्य प्रासंगिक अन्य के साथ जुड़ा हुआ है**

C. भारतीय बैंक संघ द्वारा निर्धारित

D. भारतीय रिजर्व बैंक द्वारा अधिसूचित

Q5। वाहन ऋण की अवधि या अवधि क्या है?

ए. आम तौर पर 1 वर्ष

**बी. आम तौर पर 3-7 साल**

सी. आमतौर पर 5-7 साल

डि. हमेशा 7-10 साल

Q6। एक इकाई को एक छोटे उद्यम (सेवा क्षेत्र) के रूप में वर्गीकृत किया जाएगा यदि उसका उपकरण में निवेश से अधिक नहीं है

ए. **200 लाख**

बी 100 लाख

सी. 500 लाख

डी. इनमें से कोई नहीं

Q7. शाखाएँ उन ग्राहकों के लिए खाते खोल सकती हैं जो केवाईसी दस्तावेज़ प्रदान करने में सक्षम नहीं हैं, बशर्ते सभी खातों में एक साथ लिया गया कुल क्रेडिट योग एक वर्ष में ________ रुपये से अधिक होने की उम्मीद नहीं है

A. 1 लाख रुपये

B. 2 लाख रुपये

C. 50,000 रु

D. 50,000 रुपये प्रति माह

**क्यू 8। बीमा की कीमत को ________ कहा जाता है**

ए. शुल्क

बी. सेवा परिवर्तन

सी.प्रीमियम

डी. किश्त

Q9. PMRY के तहत सहायता के लिए SHG में शामिल हो सकते हैं

A.5-20 शिक्षित बेरोजगार युवा

B. 3-15 शिक्षित बेरोजगार युवा

C. 10-25 शिक्षित बेरोजगार युवा

D. 2-10 शिक्षित बेरोजगार युवा

**प्र10. निम्नलिखित में से कौन सा कथन सही नहीं है**

A. ऋण की किश्त की चुकौती को नकदी प्रवाह विवरण में नकदी बहिर्वाह के रूप में लिया जाता है

B. मूल्यह्रास को विवरण में नकद बहिर्वाह के रूप में लिया जाता है

C. बैंक को ब्याज भुगतान को नकदी प्रवाह विवरण में बहिर्वाह के रूप में लिया जाता है

D. स्क्रैप की बिक्री पर प्राप्त नकदी को नकदी प्रवाह विवरण में नकदी प्रवाह के रूप में लिया जाता है

प्रश्न11. उपनिधाता-अमानतदार संबंध लागू होता है

A. ग्राहक द्वारा खजांची के पास नकद जमा

B. बिक्री जमा लॉकर

C. बैंकर द्वारा जारी डिमांड ड्राफ्ट

D. वस्तुओं को बैंक की सुरक्षित अभिरक्षा में रखना

प्र12. इंटरनेट बैंकिंग लेनदेन शामिल नहीं हैं

A. भारत में कहीं भी नकदी की निकासी

B. एक विशिष्ट अवधि के लिए खाते का विवरण

C. एक खाते से दूसरे खाते में निधियों का अंतरण

D. बैलेंस पूछताछ

प्र13. मनी लॉन्ड्रिंग के किन चरणों के तहत, वित्तीय लेन-देन की जटिल परतें बनाकर उनके स्रोत से अवैध आय को अलग करना, जिससे ऑडिट ट्रेल से बचा जा सके और धन के स्रोत को गुमनामी प्रदान की जा सके?

ए. लेयरिंग

बी. प्लेसमेंट

सी. एकीकरण

डी. उपरोक्त में से कोई नहीं

प्र14. एक इकाई को एक छोटे उद्यम (विनिर्माण) के रूप में वर्गीकृत किया जाएगा, यदि उसका संयंत्र और मशीनरी में निवेश __________ रुपये से अधिक नहीं है

ए. 100 लाख

बी.500 लाख

सी. 25 लाख

डी. 200 लाख

प्र15. केसीसी की अवधि के लिए जारी किए जाते हैं

ए. एक साल

बी.तीन साल

सी. पांच साल

डी. सात साल

प्र16. डेबिट काइर्स

A. प्लास्टिक कार्ड विद्युत चुम्बकीय पहचान के साथ एम्बेडेड हैं

B. बैंकों द्वारा अपने ग्राहकों को जारी किए जाते हैं जो बिक्री टर्मिनलों के निर्दिष्ट बिंदुओं पर अपनी खरीद या सेवाओं के भुगतान के लिए उनका उपयोग कर सकते हैं

C. ग्राहकों को दूरस्थ रूप से उनके खातों में लेनदेन करने की सुविधा प्रदान करता है

**D. उपरोक्त सभी**

प्रश्न17. बैंकों के ऋण एवं अग्रिम उनके तुलन-पत्र में किसके पक्ष में दिखाई देते हैं?

ए. देयताएं

बी. संपत्ति

सी. आय

डी. व्यय

प्रश्न18. यदि चुकौती क्षमता संदेह से परे स्थापित है तो खुदरा ऋणों में केवाईसी मानदंड लागू नहीं होते हैं

ए. सत्य

बी. झूठा

क्यू19। निम्नलिखित में से कौन सा बीसीए के लिए डीओ में शामिल है?

**A. BCA को ग्राहक की जानकारी की गोपनीयता और गोपनीयता बनाए रखनी चाहिए**

B. बीसीए को स्थानीय राजनीति में शामिल होना चाहिए

C. बीसीए को अपने ग्राहकों के साथ उनकी जाति, पंथ या लिंग के अनुसार अलग व्यवहार करना चाहिए

D. BCA को आर्थिक रूप से बहिष्कृत लोगों के साथ लेन-देन नहीं करना चाहिए

प्र20. विदेश में अध्ययन के लिए शैक्षिक ऋण को प्राथमिकता प्राप्त क्षेत्र के ऋण के रूप में माना जाएगा, जिसकी सीमा तक होगी

A. 4 लाख रुपये

B. 10 लाख रुपये

C. 15 लाख रुपये

D. 20 लाख रु

प्र21. डिपॉजिट या पे-इन स्लिप में कॉइन, करेंसी या डिपॉजिट किए जाने वाले चेक और डिपॉजिट की राशि (यह डिपॉजिट के साथ होती है) के विवरण की सूची से एक खाली जगह है।

ए. सच

बी.असत्य

प्र22. ब्याज दर ज्ञात कीजिए, यदि वर्तमान मूल्य रु.100/- है और भविष्य का मूल्य तीन वर्षों में रु.115.76 हो जाता है

ए. 4%

बी.5%

सी.6%

डी.7%

प्र23. आरबीआई ने उन व्यक्तियों के लिए खाते खोलने के लिए केवाईसी प्रक्रिया को सरल बना दिया है, जो अपने सभी खातों में एक साथ मिलाकर और कुल क्रेडिट में रुपये से अधिक नहीं रखने का इरादा रखते हैं।

एक साथ लिए गए खातों के एक वर्ष में रु.________ लाख से अधिक होने की उम्मीद नहीं है

ए) 50,000, 1,00,000

बी) 1,00,000, 5,00,000

सी) 5 लाख, 10 लाख

डी) 5 लाख, 15 लाख

प्र24. एक ग्राहक 20 साल के लिए 9651 रुपये की ईएमआई चुका सकता है। बैंक हाउसिंग लोन की दर 10% है। ग्राहक को अन्य नियमों और शर्तों को पूरा करने के लिए कितना ऋण वितरित किया जा सकता है?

ए) 965000 रुपये

बी) 1200000 रुपये

सी) 1000000 रुपये

डी) 1100000 रुपये

प्रश्न25. एक बैंकिंग उत्पाद क्या है जो आधार प्रमाणीकरण का उपयोग करके किसी भी बैंक के व्यापार संवाददाता के माध्यम से ऑनलाइन इंटरऑपरेबल वित्तीय समावेशन लेनदेन पीओएस या कियोस्क बैंकिंग की अनुमति देता है?

ए) एनईएफटी

बी) एईपीएस

सी) आरटीजीएस

डी) स्विफ्ट

प्र26. क्या कोई व्यक्ति अपने पीएमजेडीवाई खाते को बैंक की किसी भी शाखा में स्थानांतरित करने पर अन्य शहरों/राज्य में स्थानांतरित कर सकता है, अन्य राज्यों में स्थानांतरण पर दूसरे शहर या राज्य में स्थानांतरित कर सकता है

ए) पीएमजेडीवाई प्लेटफॉर्म में भाग लेने वाले सभी बैंक सीबीएस प्लेटफॉर्म पर हैं और खाते को आसानी से स्थानांतरित किया जा सकता है

बी. खाताधारक के अनुरोध पर सभी बैंक खातों को आसानी से शहर की किसी भी शाखा में स्थानांतरित किया जा सकता है

सी. खाताधारक के अनुरोध पर खाते को दूसरे शहर या शाखा में स्थानांतरित नहीं किया जा सकता है

डी. खातों को शाखा के क्षेत्रीय प्रमुख की विशेष अनुमति से स्थानांतरित किया जा सकता है

प्र27. एटीएम आमतौर पर बैंकों द्वारा तैनात किए जाते हैं

ए. थोक बैंकिंग

बी. खुदरा बैंकिंग

C. उपरोक्त सभी

**प्रश्न 28. जब बैंक होम लोन देते हैं, तो बनने वाले शुल्क की प्रकृति होती है**

ए. दृष्टिबंधक

**बी. बंधक**

सी. असाइनमेंट

डी. प्रतिज्ञा

प्र29. स्वावलंबन योजना के तहत एक ग्राहक को वर्ष की आयु में बाहर निकलने की अनुमति दी जाएगी

ए.50 साल

बी. 60 साल

सी. 25 साल

डी. 45 वर्ष

क्यू30। मीयादी जमाराशियों के ब्याज का भुगतान, जमा, अंतरण या पुनर्निवेश किया जा सकता है, जिसकी आवृति निम्न से कम न हो:

A. त्रैमासिक आधार

B. मासिक आधार

C. अर्धवार्षिक आधार पर

D. वार्षिक आधार

प्रश्न31. एक छोटे खाते का मतलब एक बैंकिंग कंपनी में बचत खाता है जहां

A. एक वित्तीय वर्ष में सभी क्रेडिट का योग एक लाख रुपये से अधिक नहीं है

B. किसी भी समय शेष राशि पचास हजार रुपये से अधिक नहीं है

C. एक महीने में सभी निकासी और स्थानांतरण का कुल योग दस हजार रुपये से अधिक नहीं है

D. उपरोक्त सभी

प्र32. रुपे डेबिट कार्ड किसके द्वारा पेश किया गया है

ए. आरबीआई

बी.एनपीसीआई

सी.आईबीए

डी. भारत सरकार की

प्रश्न 33. सरफेसी अधिनियम के प्रावधान निम्नलिखित के मामले में लागू नहीं होते हैं:

(1) ग्रहणाधिकार या गिरवी के तहत प्रतिभूतियां (2) कृषि भूमि

ए. केवल 1

बी. केवल 2

सी.1 और 2 दोनों

प्रश्न34. ई-केवाईसी के तहत, यूआईडीएआई में आधार केवाईसी सेवा ग्राहकों को प्रमाणित करती है

ए. डेटा

बी. आंदोलन

सी. केवल बैंक खाता संख्या

डी. उपरोक्त में से कोई नहीं

क्यू35। के लिए पैन नंबर जरूरी है

A. 50,000/- रुपये से कम जमा

B. 1 लाख रुपये से अधिक जमा

C. रु. 50,000/- और अधिक जमा करता है

D. सभी लेनदेन

प्र36. बैंकों ने हाल ही में आरटीजीएस नामक सेवा शुरू की है। यह के लिए खड़ा है

A. रीयल-टाइम ग्रॉस सेटलमेंट सिस्टम

B. विश्वसनीय व्यापार गारंटी प्रणाली

C. वास्तविक समय की गारंटी प्रणाली

D. उपरोक्त में से कोई नहीं

प्रश्न37. संयुक्त जमा खाते का उत्तरजीवी नामांकन बदलना चाहता है। आवश्यक

ए. की अनुमति नहीं दी जाएगी क्योंकि किसी भी बदलाव के लिए संयुक्त शासनादेश की आवश्यकता है।

B. की अनुमति दी जानी चाहिए क्योंकि एक उत्तरजीवी नामांकन रद्द कर सकता है, बदल सकता है या नया नामांकन भी कर सकता है।

C. की अनुमति नहीं दी जाएगी क्योंकि केवल नामांकन रद्द करने का काम उत्तरजीवी द्वारा किया जा सकता है।

D. मामले को बैंक के वकील को उसकी राय के लिए भेजा जाना चाहिए

प्रश्न 38. आरडी खाते में किस्त की अधिकतम राशि हो सकती है:

क. रु. 100/-

ख. 10,000/- रुपये

ग. कोई सीमा नहीं

घ. रु. 5,000/-

प्र39. पीएमजेडीवाई के तहत एमआईएस के संबंध में निम्नलिखित में से कौन सा सही है?

ए. सृजित की जाने वाली आवधिक रिपोर्टें जिलेवार/राज्यवार होंगी और इसमें कवर न किए गए परिवारों वाले कवर किए गए गांव शामिल होंगे।

बी. प्रत्येक बैंक के पास क्षेत्र में बैंक मित्र के कार्य को कम करने के लिए एक संरचित प्रणाली जनित एमआईएस प्रणाली होगी।

सी. आईबीए की एक निगरानी समिति होगी जो साप्ताहिक आधार पर प्रगति की समीक्षा करेगी निगरानी के लिए जानकारी डीएफएस पोर्टल से निकाली जाएगी।

**क्यू40। MGNREGS का मतलब है**

A. महात्मा गांधी पोषण एवं ग्रामीण रोजगार सृजन योजना

B.महात्मा गांधी राष्ट्रीय ग्रामीण रोजगार गारंटी योजना

C. उपरोक्त में से कोई नहीं

**प्र41. जमा खाते में, बैंक और ग्राहक के बीच मुख्य संबंध है:**

ए) लेनदार-बैंक, देनदार-ग्राहक

**बी) देनदार-बैंक, लेनदार-ग्राहक**

सी) एजेंट-सिद्धांत

डी) केवल ए और बी

**प्र42. चेक बुक द्वारा ग्राहकों को जमा करने की सुविधा प्रदान की जा रही है**

ए) वाणिज्यिक बैंक

बी) म्युचुअल फंड

सी) एनबीएफसी

डी) उपरोक्त सभी

**प्रश्न 43. आधार है**

ए) 12 अंकों का नंबर कार्ड

बी) यूआईडीएआई द्वारा जारी पहचान प्रमाण

**सी) ए और बी दोनों**

प्रश्न 44 एसएचजी के लिए निम्नलिखित पुस्तकों/रजिस्ट्रारों का रखरखाव अनिवार्य नहीं है

क) मिनट बुक

ख) बचत और ऋण पंजीयक

ग ) आगंतुक पुस्तकें

घ) सदस्यों की पासबुक

**क्यू45. बचत बैंक खाते में क्रेडिट की संख्या पर कोई प्रतिबंध नहीं है**

क)सत्य

ख) झूठा

**प्रश्न 46. मुद्रा का अर्थ है :**

a) मेट्रोपॉलिटन और शहरी नियामक प्राधिकरण

b) आयुष मंत्रालय की एक योजना

c) सूक्ष्म इकाइयों के विकास और पुनर्वित एजेंसी

d) उपरोक्त में से कोई नहीं

Q. 47. PoS मशीन लगभग सभी व्यावसायिक केंद्रों पर स्थापित छोटा उपकरण है जो अपने ग्राहकों को कैशलेस खरीदारी की सुविधा प्रदान करता है। पीओएस का मतलब है

ए) बिक्री पर भुगतान

बी) बिक्री का बिंदु

सी) निपटान बिंदु

डि) खरीद और बिक्री

प्र. 48. निम्नलिखित में से कौन से खाते व्यक्तियों और छोटे व्यवसायों की बचत को उनकी भविष्य की धन संबंधी जरूरतों को पूरा करने के लिए रखने के लिए हैं और बैंक इन खातों पर ब्याज देते हैं?

ए) बचत खाता

बी) सावधि जमा

सी) चालू खाता

डि) आवर्ती खाता

Q. 49. NEFT में, क्लियरिंग सेटलमेंट बैच होते हैं और वापसी का समय होता है ....

ए) 2 घंटे

बी) 24 घंटे

सी) 36 घंटे

डी) 48 घंटे

Q.50. कौन से बैंक ग्राहकों को उधार नहीं दे सकते हैं या क्रेडिट कार्ड जारी नहीं कर सकते हैं?

क) क्षेत्रीय ग्रामीण बैंक

ख) स्थानीय क्षेत्र के बैंक

ग) विदेशी बैंक

घ) भुगतान बैंक

Q. 51 निम्नलिखित में से कौन सी सरकार द्वारा शुरू की गई स्वावलंबन योजना की विशेषता नहीं है?

क) 'स्वावलंबन' उन लोगों के लिए सक्षम होगा जो 'एनपीएस' या एनपीएस 'लाइट' में शामिल होते हैं

ख) न्यूनतम योगदान रुपये है। एक वित्तीय वर्ष के दौरान प्रति वर्ष 1000

ग) अधिकतम अंशदान रु. एक वित्तीय वर्ष के दौरान 12000 प्रति वर्ष

घ) सरकार। रुपये का योगदान देगा। वर्ष 2016-17 तक प्रत्येक वर्ष उनके एनपीएस खाते में 2000

प्रश्न 52. शिकायत निवारण पर बैंकों की मॉडल नीति कुछ सिद्धांतों पर आधारित है। निम्नलिखित में से कौन सा एक गलत प्रिंसिपल है?

क) ग्राहकों को संगठनों के भीतर अपनी शिकायतों/शिकायतों को बढ़ाने के तरीकों के बारे में पूरी तरह से सूचित किया जाएगा

ख) ग्राहकों द्वारा की गई शिकायतों को शिष्टाचार और समय पर निपटाया जाएगा

ग) ग्राहकों के साथ हर समय उचित व्यवहार किया जाएगा

घ) बैंक सभी शिकायतों का प्रभावी ढंग से और निष्पक्ष रूप से निपटान करेगा क्योंकि अन्यथा दिए जाने पर वे बैंक की प्रतिष्ठा और व्यवसाय को नुकसान पहुंचा सकते हैं

प्रश्न 53. बचत बैंक खाते में शेष राशि देय है :

ए) नोटिस पर

बी) मांग पर

सी) 24 दिन बीत जाने के बाद

डी) उपरोक्त सभी

Q. 54. एक MFI पहली बार में अधिकतम ...... उधार दे सकता है

क) 25000 रुपये

ख) रु. 50000

ग) रु. 60000

घ) रु. 100000

प्रश्न. 55. बैंकों के प्रमुख कार्य हैं :

ए) जमा स्वीकार करना

बी) उधार और निवेश

सी) गैर-निधि व्यापार और प्रेषण सेवाएं

डी) उपरोक्त सभी

Q. 56. फिक्स्ड डिपॉजिट नहीं हो सकता......

a) परिपक्वता तिथि पर आगे की अवधि के लिए नवीनीकृत

b) तीसरे पक्ष में बदल जाता है

c) परिपक्वता तिथि से पहले प्री-पेड

d) सुरक्षा के रूप में बैंक को गिरवी नहीं रखा जा सकता है

प्र. 57. एनईएफटी में लाभार्थी की पहचान के लिए निम्नलिखित में से कौन से आवश्यक तत्व हैं

क) लाभार्थी का नाम, बैंक का नाम, लाभार्थी का खाता संख्या, लाभार्थी की शाखा IFSC

ख) लाभार्थी का नाम, खाते का प्रकार, लाभार्थी का खाता संख्या, लाभार्थी की शाखा IFSC

ग) लाभार्थी का नाम, शाखा का नाम, खाता प्रकार, लाभार्थी का खाता संख्या, लाभार्थी की शाखा IFSC

घ) लाभार्थी का नाम, शाखा का नाम, खाता प्रकार, लाभार्थी का खाता संख्या, लाभार्थी की शाखा IFSC

Q. 58) एक बैंक अपनी सावधि जमा के लिए मासिक चक्रवृद्धि की नीति का उपयोग करता है। एक ग्राहक रुपये जमा करता है। 5 साल के लिए 10000। बैंक ने 9% कंपाउंडेड मंथली बताया है। परिपक्वता राशि की गणना करें?

ए) 15,386.24

बी) 15,529,69

सी) 15,605,9

डी) 15,656,81

Q. 59) ग्राहक को जारी की गई बैंक गारंटी में बैंक की भूमिका होती है

ए) सिद्धांत

बी) लाभार्थी

सी) गारंटर

डी) उपरोक्त में से कोई नहीं

Q.60) जब बैंक समाशोधन में चेक एकत्र करता है तो क्या संबंध बनता है

ए) मूल्य के लिए धारक

बी) समाशोधन सदस्य और सिद्धांत

सी) एजेंट और सिद्धांत

डी) सी कलेक्टर बैंक और धारक

Q.61) ग्राहक को परिभाषित किया गया है

ए) परक्राम्य लिखत अधिनियम

बी) आरबीआई अधिनियम

सी) बैंकिंग विनियमन अधिनियम

डी) परिभाषित नहीं

Q.62) ग्राहक खाता बंद कर सकता है

ए) उसकी इच्छा के अनुसार

बी) बैंक की सहमति से

सी) उपरोक्त दोनों

डी) इनमें से कोई नहीं

Q.63) केवाईसी सिद्धांत के लिए दिशानिर्देश संबंधित हैं

ए) जमाकर्ताओं की पहचान के लिए

बी) बैंक/शाखा परिसर में प्रवेश करने वाले व्यक्ति की पहचान के लिए

सी) बैंक में घूमने वाले व्यक्ति की पहचान के लिए

डी) उपरोक्त सभी

**Q.64) बैंक खाता कौन खोल सकता है**

ए) भारतीय नागरिक

बी) अनिवासी भारतीय

सी) निरक्षर

डी) उपरोक्त सभी

प्र.65। बीमा की ___________ योजना के तहत बीमित व्यक्ति को पॉलिसी अवधि की समाप्ति पर ही भुगतान किया जाता है यदि बीमित व्यक्ति की मृत्यु उस अवधि के भीतर नहीं होती है?

क) सावधि बीमा योजनाएं

**ख) बंदोबस्ती जीवन योजना**

ग) पूरे जीवन की योजनाएँ

घ) उपरोक्त में से कोई नहीं

प्रश्न 66. गार्निशी आदेश को प्रभावी करने के लिए बैंकर और ग्राहक के बीच क्या संबंध होना चाहिए?

a) देनदार-लेनदार

b) लेनदार-देनदार

c) एजेंट-प्रिंसिपल

d) बैलर-बैली

Q 67. 10% पर 1 वर्ष के बाद प्राप्त होने वाले 115000 रुपये का वर्तमान मूल्य क्या है?

ए) 121000

बी) 100500

सी) 110000

**डी) 104545**

प्रश्न 68: शिक्षा ऋण में भारत में पढ़ाई के लिए व्यक्तियों को शैक्षिक उद्देश्य के लिए दिए गए ऋण और अग्रिम शामिल होने चाहिए, जिन्हें प्राथमिकता क्षेत्र के रूप में वर्गीकृत किया जाना चाहिए।

ए) साढ़े सात लाख

**बी) दस लाख**

सी) पंद्रह लाख

डी) बीस लाख

Q69: QSAM सेवा का उपयोग करके कोई भी डायल करके अपने बैंक खाते के साथ आधार सीडिंग स्थिति की जांच कर सकता है।

ए) 99#

बी) 9999#

सी) 9999#

डी) 999#

प्रश्न 70: अन्य बातों के साथ-साथ कमजोर वर्गों के अग्रिमों में ___________ शामिल हैं।

ए) व्यक्तिगत महिला लाभार्थी रुपये तक। 2 लाख प्रति उधारकर्ता

बी) किसानों के अलावा अन्य व्यथित व्यक्ति,

सी) रुपये से अधिक नहीं ऋण राशि के साथ। 2 लाख प्रति उधारकर्ता गैर-संस्थागत उधारदाताओं को उनकी गहराई संपत्ति के लिए।

डी) रुपये तक ओवरड्राफ्ट। प्रधानमंत्री जन-धन योजना (पीएमजेडीवाई) खातों के तहत 5000।

ई) कारीगर, ग्रामीण और कुटीर उद्योग जहां व्यक्तियों की ऋण सीमा रुपये से अधिक नहीं है। 2 लाख।

Q71: भूमिगत/सतही जल स्रोतों से सिंचाई सुविधाओं के निर्माण के लिए क्रेडिट किस योजना के तहत कवर किया गया है और प्रस्तावित सुविधा से जुड़े सभी संरचनाओं और उपकरणों को भी वित्तपोषित किया गया है?

ए) फार्म मैकेनिक

बी) लघु सिंचाई

सी) भूमि खरीद योजना

डी) फसल ऋण

Q72: पैसे रखने की सबसे सुरक्षित जगह

ए) जमीन में खोदा गया गड्ढा

बी) एक आयरन बॉक्स

सी) बैंक

डी) साहूकार

Q73: संचार कौशल एक ___________ है

ए) शैक्षणिक कौशल

बी) कठिन कौशल

सी) शीतल कौशल

डी) उपरोक्त में से कोई नहीं

प्रश्न 74: गृह ऋण की चुकौती सामान्यतः ईएमआई के माध्यम से होती है। इसका मतलब है कि हर महीने चुकौती में _______________ शामिल होता है

ए) सिद्धांत की समान राशि और उपार्जित ब्याज की कुल राशि

बी) कुछ राशि सिद्धांत और उपार्जित ब्याज का एक हिस्सा।

सी) मूलधन की एक समान राशि और उपार्जित ब्याज की कुल राशि ताकि हर महीने कुल चुकौती पूरी अवधि के लिए समान हो ।

डी) सिद्धांत की समान राशि और उपार्जित ब्याज की कुछ राशि

Q75: आधार प्रमाणीकरण का उपयोग करके ग्राहक का प्रामाणिक, वास्तविक समय केवाईसी करने का एक इलेक्ट्रॉनिक तरीका

ए) एनएसीएच डेबिट

बी) आधार पेमेंट ब्रिज सिस्टम (APBS)

सी) आधार सक्षम ब्रिज सिस्टम (एईबीएस)

डी) ई-केवाईसी

प्रश्न 76: एक इकाई को सूक्ष्म (विनिर्माण) उद्यम के रूप में वर्गीकृत किया जाएगा यदि संयंत्र और मशीनरी में इसका निवेश अधिक नहीं है

ए) 10 लाख

बी) 50 लाख

सी) 2 करोड़

डी) 25 लाख

Q77: कृषि वित्त में मध्यम/दीर्घावधि ऋण के तहत ऋण की अवधि _______________ से अधिक है

ए) 12 महीने

बी) 24 महीने

सी) 36 महीने

डी)48 महीने

प्रश्न 78: बचत बैंक खाता रखने वाले व्यक्ति को उसी बैंक में सावधि जमा खाता खोलने के लिए अलग परिचय की आवश्यकता नहीं होती है।

ए) सत्य

बी) झूठा

प्रश्न 79: निम्नलिखित में से किसे एक अच्छे एसएचजी के संकेतक के रूप में नहीं माना जाता है

ए) छोटी सदस्यता

बी) नियमित उपस्थिति

सी) सजातीय सदस्यता

डी) राजनीतिक संबद्धता के आधार पर भेदभाव

प्रश्न 80: श्री विजय ने रुपये की राशि का निवेश किया। 6800 प्रत्येक तिमाही की शुरुआत में 10% प्रति वर्ष 12 साल की अवधि के लिए त्रैमासिक रूप से संयोजित। निवेश की गई राशि के भविष्य के मूल्य की गणना करें।

ए) 258230

बी) 633292

सी) 351643

डी) 112651

प्रश्न 81: बैंक में एसबी खाता खोलने के लिए आवश्यक न्यूनतम आयु ___________

ए) 8 साल

बी) 10 साल

सी) 12 साल

डी) उपरोक्त में से कोई नहीं

प्रश्न 82: वरिष्ठ नागरिकों को उनके जमा खातों पर उच्च ब्याज दर का भुगतान किया जाता है

ए)सत्य

बी) झूठा

Q83: बैलेंस पूछताछ एक तरह का है

ए) वित्तीय लेनदेन

बी) गैर-वित्तीय लेनदेन

सी) तकनीकी लेनदेन

डी) उपरोक्त में से कोई नहीं

प्रश्न 84: रुपये तक का ऋण। लोक अदालतों के माध्यम से ___________ का निपटारा किया जा सकता है

ए) 2 लाख

बी) 5 लाख

सी) 10 लाख

डी) 20 लाख

Q85: बैंकों ने वित्तीय समावेशन के तहत व्यवसाय प्रतिनिधियों के माध्यम से आधार बचत बैंक जमा खाता खोलने के लिए ___________ को सौंपा है

ए) योजना कोड

बी) व्यक्तिगत पहचान संख्या

सी) आधार संख्या

डी) प्रान

प्रश्न 86: न्यायिक प्रणाली में लंबित मामलों में तेजी लाने के लिए ऋण वसूली न्यायाधिकरणों की स्थापना की गई है। ये हैं ______

ए) सभी राज्यों में बनाया गया

बी) प्रत्येक राज्य के लिए एक की दर से बनाया गया

C) वे हर जगह एक ही तारीख से काम कर रहे हैं

डी) रुपये से अधिक की वसूली योग्य राशि के साथ लंबित मामलों की संख्या के आधार पर बनाया गया। 10 लाख और यह एक से अधिक राज्यों को कवर कर सकता है

Q87: एक बैंक की 'मानक संपत्ति' की पहचान एक संपत्ति के रूप में की जाती है जो है

A) नॉन-परफॉर्मिंग एसेट (NPA) नहीं है

B. एक संदिग्ध एसेट

C. एक नुकसान वाली एसेट

D. इनमें से कोई नहीं

Q88: बैंकों को अनिवार्य रूप से भारतीय रिजर्व बैंक के साथ अपनी मांग और समय देनदारियों का कुछ प्रतिशत बनाए रखने की आवश्यकता है। इसे ________ कहा जाता है

ए) वैधानिक तरलता अनुपात (एसएलआर)

बी) नकद आरक्षित अनुपात (सीआरआर)

सी) वर्तमान अनुपात

डी) क्रेडिट जमा अनुपात (सीडी अनुपात)

Q89: एक __________ सामूहिक निवेश का एक रूप है जो कई निवेशकों से पैसा खींचता है और उनके पैसे को स्टॉक, बॉन्ड, शॉर्ट-टर्म मनी मार्केट इंस्ट्रूमेंट और/या अन्य प्रतिभूतियों में निवेश करता है।

ए) बीमा पॉलिसी

बी) नेट एसेट वैल्यू

सी) म्युचुअल फंड

डी) बैंक जमा

Q90: सभी पीएमकेवीवाई ऋण ______ द्वारा शासित होंगे, जिसे डीएफएस, रेटिंग एजेंसियों, एमएफआईएन और स-धन और अन्य हितधारकों के परामर्श से मुद्रा द्वारा तैयार किया गया है, जो सभी ऋणदाता संस्थानों द्वारा अपनाने के लिए है।

ए) मुद्रा ऋण ऋण कोड

बी) मुद्रा ऋण चार्टर

सी) पीएमएमवाई ऋण चार्टर

प्रश्न91: 'एनपीसीआई' की व्याख्या

ए) भारतीय राष्ट्रीय भुगतान निगम

बी) राष्ट्रीय भुगतान सहकारी संस्थान

सी) न्यू पेमेंट्स कॉरपोरेशन ऑफ इंडिया

डी) न्यू पेमेंट्स को-ऑपरेटिव इंस्टीट्यूट

प्रश्न92: जमा के मामले में ग्राहक - बैंकर के बीच सही संबंध की पहचान करें।

ए) लेनदार-देनदार

बी) दाता-ट्रस्टी

सी) एजेंट-सिद्धांत

डी) देनदार-लेनदार

प्रश्न93. बैंक जिसकी भारत में सबसे अधिक शाखाएँ हैं

A. भारतीय रिजर्व बैंक

**B. भारतीय स्टेट बैंक**

C. पंजाब नेशनल बैंक

D. बैंक ऑफ बड़ौदा

प्रश्न94. किसानों को सक्षम बनाने के लिए किसान कार्ड जारी किए जाते हैं

A. ग्रामीण बैलेंस में एटीएम से पैसा निकालना

B. कृषि उपकरण खरीदें

C. डीलरों से ऋण पर कृषि उपकरण खरीदें

D. उनकी खेती और गैर-कृषि आवश्यकताओं को पूरा करें जिसमें अन्य अल्पावधि आवश्यकता में इनपुट की खरीद और संबद्ध गतिविधियों के लिए कार्यशील पूंजी की आवश्यकता शामिल है

प्रश्न95. किसी वस्तु की सुरक्षित अभिरक्षा के संबंध में, ग्राहक और बैंकर के बीच का संबंध बैलर-बैले का होता है

A.सत्य

B. झूठा

प्रश्न 96. PMMY ऋण कहाँ से प्राप्त किया जा सकता है?

A) सार्वजनिक क्षेत्र के बैंक, निजी क्षेत्र के बैंक, विदेशी बैंक, सहकारी बैंक, आरआरबी, एनबीएफसी और एमएफआई

B) सीधे मुद्रा से

C) A और B दोनों)

प्रश्न97. पीएमजेडीवाई के तहत जीवन बीमा कवर की योजना के तहत कवरेज की आयु_________ है

A. 21 से 50 का आयु समूह

**B. 18 से 50 का आयु समूह**

C. 18 से 60 का आयु समूह

D. 21 से 60 का आयु समूह

प्रश्न98. वित्तीय समावेशन शब्द को इस रूप में परिभाषित किया गया है

क) धन के उपयोग और प्रबंधन के बारे में सूचित निर्णय लेने और प्रभावी निर्णय लेने के लिए व्यक्तियों की उपलब्धता

ख) समाज के वंचित वर्गों को कवर करने वाली सस्ती वित्तीय सेवाओं का प्रावधान, जैसे... भुगतान और प्रेषण सुविधाओं, बचत, ऋण और बीमा सेवाओं आदि तक पहुंच

ग) विद्यालयों में अध्ययन के एक विषय के रूप में वित्त को शामिल करना

घ) उपरोक्त सभी

प्रश्न99. इंटरनेट बैंकिंग को संदर्भित करता है

A) इंटरनेट के माध्यम से खाते का संचालन

B) एटीएम के माध्यम से खाता खोलना

C) A) और B) दोनों

D) उपरोक्त में से कोई नहीं

क्यू100। जमा खातों में, बैंक और ग्राहक के बीच मुख्य संबंध होता है

A. लेनदार-बैंक, देनदार-ग्राहक

B. देनदार-बैंक, लेनदार-ग्राहक

C. एजेंट-प्रिंसिपल

D. नौकर-मालिक

# 4

# चौथा अध्याय(एमसीक्यू उत्तर के साथ)

**_बोल्ड आइटम सही उत्तर हैं।_** ( बोल्ड विकल्प सही उत्तर हैं।)

प्रश्न 1. मान लीजिए कि एक ग्राहक ने रु। 10000 और यह प्रति वर्ष शुद्ध औसत 7 प्रतिशत अर्जित करता है, जो कि चक्रवृद्धि है। 60 वर्ष की आयु तक, एक व्यक्ति जिसने 30 वर्ष की आयु में इस अभ्यास को शुरू किया (सिर्फ निवेश करना और निवेश के अलावा कुछ भी नहीं जोड़ना) रुपये जमा कर लेगा।

ए) **76122.55**

बी) 75000.55

सी) 75600.45

डी) 76211.54

Q. 2 सावधि जमा की अधिकतम अवधि है

ए) 5 साल

बी) 7 साल

सी) 8 साल

डी) **10 साल**

प्रश्न. 3 आवास या वाहन ऋण में ईएमआई की गणना के आधार पर की जाती है:

ए) ऋण का मूलधन

बी) **ऋण पर मूलधन और ब्याज**

सी) ऋण पर ब्याज

डि) ऋण पर मूलधन और प्रोसेसिंग शुल्क

Q. 4 लघु वित्त बैंकों को वित्त देने की आवश्यकता है

क) अधिकतम 25 लाख रुपये तक

ख) इसके कुल अग्रिम पोर्टफोलियो का 50% प्रति उधारकर्ता कम से कम 25 लाख रुपये होना चाहिए

ग) बिना किसी सेलिंग के किसी भी उधारकर्ता को

घ) आरबीआई द्वारा परिभाषित केवल प्राथमिकता वाले क्षेत्र के लिए

**Q. 5 KYC का मतलब...**

ए) अपने ग्राहक को जानें

बी) अपने चरित्र को जानें

सी) उपरोक्त दोनों

डि) उपरोक्त में से कोई नहीं

प्रश्न 6. चालू जमा किसके अंतर्गत आते हैं :

A) समय देयता

**B) मांग देयता**

C) आकस्मिक देयता

D) ये सभी

**प्रश्न 7 संपत्तियों को इस प्रकार वर्गीकृत किया गया है:**

A) मानक संपत्ति और प्रदर्शनकारी संपत्ति

B) मानक संपत्ति और गैर-मानक संपत्ति

**C) गैर-निष्पादित परिसंपत्तियां और मानक संपत्तियां**

D) निष्पादित आस्तियां और उप-निष्पादित आस्तियां

**प्रश्न 8. पीएमजेडीवाई के तहत कौन खाता खोल सकता है?**

a) 10 साल से ऊपर का नाबालिग

b) घर की अकेली महिला

c) केवल परिवार का मुखिया

d) उपरोक्त सभी

प्रश्न 9. सरफेसी अधिनियम के प्रावधान लागू नहीं होते हैं और मूल राशि के .....% से अधिक में प्रतिभूतियों का अधिग्रहण नहीं किया जा सकता है।

A) 50%

B) 60%

C) 75%

**D) 80%**

प्रश्न 10 बुनियादी बचत बैंक जमा धारक छह मेट्रो स्थानों सहित सभी स्थानों पर अन्य बैंकों के एटीएम पर एक महीने में पांच मुफ्त लेनदेन (वित्तीय और गैर-वित्तीय लेनदेन दोनों सहित) कर सकते हैं, ऐसे खातों से जुड़ी अन्य शर्तों के अधीन।

A) सत्य

B) झूठा

**Q. 11 अटल पेंशन योजना (APY) क्या है?**

a) असंगठित क्षेत्र को सामाजिक सुरक्षा प्रदान करता है

b) कर्मचारियों को उनकी सेवानिवृत्ति के लिए स्वेच्छा से बचत करने के लिए प्रोत्साहित करता है

c) 60 वर्ष की आयु प्राप्त करने पर निश्चित पेंशन का भुगतान किया जाता है

**d) उपरोक्त सभी**

**प्र. 12 निम्न में से कौन शुल्क आधारित सेवा है?**

A) चेक का संग्रह

B) सुरक्षित जमा लॉकर

C) स्थायी निर्देश

D) मर्चेंट बैंकिंग सेवाएं

**E) उपरोक्त सभी**

**Q.13 एटीएम की सुविधा**

ए) चौबीसों घंटे सेवा

बी) कहीं भी बैंकिंग सुविधा

सी) लेन-देन में गोपनीयता

डी) त्वरित और कुशल सेवा

ई) उपरोक्त सभी

**Q. 14 PMMY लोन किस बैंक से लिया जा सकता है.....?**

a) ग्राहक का बैंक के साथ बैंकिंग संबंध होता है

बी) ग्राहक का बैंक के साथ पूर्व बैंकिंग संबंध (बचत/चालू खाता) नहीं है

सी) दोनों ए) और बी)

**प्रश्न 15. नामांकन फॉर्म पर, खाताधारक के हस्ताक्षर निम्नलिखित द्वारा प्रमाणित किए जाने चाहिए:**

a) एक गवाह

b) दो गवाह

c) बैंक के विवेकानुसार गवाहों की संख्या

**d) हस्ताक्षर के लिए किसी गवाह की आवश्यकता नहीं है**

**प्र. 16 यदि रु. 1,00,000 - 12 महीने के लिए उधार लिया गया पैसा है और आरसीआई 12% प्रति वर्ष है, तो उधारकर्ता द्वारा ऋणदाता को भुगतान किया जाने वाला साधारण ब्याज क्या होगा?**

A) रु. 6000

B) 8000 रुपये

C) रु. 10000

D) रु. 12000

Q. 17 चेक पर हस्ताक्षर करने वाले व्यक्ति को दराज कहा जाता है

A) सत्य

B) झूठा

प्रश्न 18. यदि बैंक किसी बचत/चालू जमा खाता धारक को संपत्ति (घर/कार/शैक्षिक ऋण) को सफलतापूर्वक बेचने में सक्षम है, तो इसे कहा जाता है

A) सार्वभौमिक बैंकिंग

**B) क्रॉस सेलिंग**

C) विस्तार बैंकिंग

D) अधिक बिक्री

प्र. 19 चेक पर एक विशेष रेखांकन होता है...

a) दो समानांतर अनुप्रस्थ रेखाएँ

b) शब्द A/C Payee केवल दो समानांतर रेखाओं के बीच

**c) चेक के ऊपर एक बैंकर का नाम**

d) शब्द और कंपनी दो समानांतर रेखाओं के बीच

प्रश्न 20 ग्राहक को मुद्रा कार्ड कौन जारी करता है?

A ) बैंक या तो सीधे या एमएफआई के सहयोग से

B) एमएफआई सीधे

C) मुद्रा

प्र. 21 मुखाकृति ......... संचार है।

A) मौखिक

B) लिखित

C) गैर-मौखिक

प्रश्न 22 उत्तर पूर्व राज्य में पंजीकृत एनबीएफसी-एमएफआई का न्यूनतम निवल मूल्य क्या होना चाहिए:

क) रु. 1 करोर

ख) रु. 2करोड़

ग) रु. 3करोड़

घ) रु. 5 करोड़

प्र. 23 निम्नलिखित में से कौन सा सही है?

A) भारतीय नागरिक जिन्होंने भारत/विदेश में प्रवेश परीक्षा/चयन प्रक्रिया के माध्यम से व्यावसायिक/तकनीकी पाठ्यक्रमों में प्रवेश प्राप्त किया है, शैक्षिक ऋण प्राप्त कर सकते हैं।

B) शैक्षिक ऋण राशि की गणना करते समय यात्रा व्यय शामिल हैं।

C) दोनों सत्य हैं

D) दोनों झूठे हैं

प्रश्न 24. शिक्षा ऋण में तक के ऋण के लिए संपार्श्विक प्रतिभूति पर जोर नहीं दिया जाता है

क) रु. 4 लाख

ख) रु. 7.5 लाख

ग) रु. 15 लाख

घ) रु. 10.00 लाख

प्रश्न25. इसका मतलब है कि एक ही छत के नीचे सभी बैंकिंग उत्पादों और सेवाओं (शुल्क-आधारित और फंड आधारित सेवाओं दोनों) की पेशकश करना और बढ़ती प्रतिस्पर्धा के साथ बैंक अपने उधार कारोबार पर कम लाभ मार्जिन बना रहे हैं।

A.वित्तीय समावेशन

B. कृषि बैंकिंग

C. यूनिवर्सल बैंकिंग

D. इलेक्ट्रॉनिक बैंकिंग

Q26.निम्नलिखित में से कौन सी रुपे कार्ड की एक विशेषता है

A. मैगस्ट्रिप/चिप

B. आधार और गैर-आधार संस्करण

C. लेनदेन एटीएम/माइक्रो एटीएम/ऑनलाइन पर किया जा सकता है

D. उपरोक्त सभी

प्र27. स्वयं सहायता समूह शामिल है

A. 5 से 20 लोगों का समूह

B. नियमित बचत की आदतें

C. समूह के सदस्यों के बीच अंतर-ऋण देना

D. उपरोक्त सभी

प्रश्न 28. रेफ्रिजरेटर के लिए ऋण निम्नलिखित की जमानत पर दिया जाता है:

A. वित्तपोषित मद की गिरवी

B.वित्तपोषित मद का दृष्टिबंधक

C. वित्तपोषित मद का बंधक

D. उधारकर्ता की सभी संपत्तियों का बंधक

प्र29. बैंकएश्योरेंस है

A. बैंक जमा का बीमा करने के लिए एक बीमा योजना

B. विशेष रूप से बैंकों के कर्मचारियों के लिए एक बीमा योजना

C. समग्र वित्तीय सेवा जो बैंकों और बीमा उत्पादों दोनों की पेशकश करती है

D. बीमा कंपनियों के कर्मचारियों के लिए विशेष रूप से एक बैंक जमा योजना

क्यू30। किस जमा को फ्लेक्सी जमा के रूप में भी जाना जाता है

A. मांग जमा

B. सावधि जमा

C. संकर जमा

D. उपरोक्त में से कोई नहीं

प्रश्न31. अवधि के लिए मूलधन और सहमत ब्याज दर के साथ निश्चित परिपक्वता तिथि पर कौन से देय हैं?

A. आवर्ती जमा

B. बचत खाता

C. चालू खाता

D.सावधि जमा

प्र32. जारी होने की तारीख से एक साल बाद चेक बासी हो जाता है।

A.सत्य

B.झूठा

प्रश्न 33. गैर-बचत बैंक ग्राहकों के संबंध में यदि एक महीने में किसी अन्य बैंक के एटीएम से ____________ से अधिक लेनदेन किए जाते हैं, तो प्रति लेनदेन ____________ शुल्क लगाया जाएगा।

A. 3 और 20/- रुपये

B. 5 और 10/- रुपये

C. 5 और 20/- रुपये

D.अन्य बैंक एटीएम के माध्यम से कोई मुफ्त निकासी नहीं होगी और अन्य बैंक एटीएम के माध्यम से सभी निकासी पर 20 रुपये प्रति लेनदेन शुल्क लिया जाएगा।

प्रश्न34. एसएचजी में शामिल हो सकते हैं

A. सभी महिलाओं का समूह

B. सभी पुरुष समूह

C. मिश्रित समूह

D. उपरोक्त सभी

क्यू35। मुद्रा ऋण के तहत, शिशु ऋण _________ तक कवर करता है

क. रु. 50,000 /-

ख. रु. 1,00,000/-

ग . रु. 2,00,000/-

घ. रु. 2,50,000/-

प्र36. किसान क्रेडिट कार्ड धारकों के लिए उपलब्ध दुर्घटना मृत्यु कवर क्या है?

ए.60,000 रुपये (यह 50,000 रुपये था, लेकिन मुझे नहीं पता कि इसे बदला गया है या नहीं)

बी. 1,00,000 रुपये

सी. 1,50,000 रु

डी. 2,00,000 रुपये

प्रश्न37. क्षेत्रीय ग्रामीण बैंक ग्रामीण क्षेत्रों में वित्तीय समावेशन के लिए वाहन बनने के लिए सबसे उपयुक्त है।

A. उनका क्षेत्रीय चरित्र

B. एक समान कृषि-जलवायु क्षेत्र में उनकी कार्यप्रणाली

C. उनके कर्मचारी, जो उसी क्षेत्र से हैं, ग्रामीण ग्राहकों से संबंध बनाने के लिए सबसे उपयुक्त हैं।

D. उनका प्रबंधन उनके मूल बैंकों के लोगों द्वारा किया जाता है ।

प्रश्न 38. ऋण न चुकाने का अर्थ है

A. कर्ज की किस्तें नहीं चुकाना

B. खराब प्रतिष्ठा

C. अवैध गतिविधियां

D. उपरोक्त में से कोई नहीं

प्र39. कृषि यंत्रीकरण योजना के तहत ऋण दिया जाता है

A. सिंचाई की सुविधा उपलब्ध कराना

B. खेती खर्च

C. कृषि उपकरणों की खरीद

D. कुएँ खोदने के लिए

क्यू40। गिरवी रखने वाले की अनिवार्य आवश्यकताओं में से एक गिरवीदार द्वारा गिरवीदार को माल गिरवी रखने वाले की वास्तविक या रचनात्मक सुपुर्दगी है

A. सत्य

B. झूठा

प्र41. वित्तीय समावेशन इस विश्वास पर प्रतिपादित किया जाता है कि

A) लक्ष्य समूह में वृद्धि की संभावना अधिक है

B) यह गरीबों को औपचारिक वित्तीय प्रणाली की तह में लाने के लिए आर्थिक समझ में आता है

C) बैंकिंग एक सेवा उद्योग है

Q42: ईएमआई की गणना __________ कारकों पर आधारित है

A. सिद्धांत

B. चुकौती के वर्षों या महीनों की संख्या

C. ब्याज दर

**D. उपरोक्त सभी**

**प्रश्न43: केवाईसी के उद्देश्य:**

**A. उचित ग्राहक पहचान सुनिश्चित करने के लिए**

B. संदिग्ध प्रकृति के लेनदेन की निगरानी करना

C. यदि ऋण दिया जाता है, तो यह एनपीए नहीं होगा

D. ग्राहक का डेटाबेस बनाने के लिए

**Q44: निम्नलिखित में से कौन सी एजेंसी माइक्रो-इंश्योरेंस में शामिल है?**

A. गैर-सरकारी संगठन

B. स्वयं सहायता समूह

C. माइक्रो-फाइनेंस संस्थान

**D. उपरोक्त सभी**

**Q45: __________ तक चुकाने योग्य ऋणों को कृषि वित्त के तहत अल्पावधि ऋण कहा जाता है।**

ए. 12 महीने

**बी.18 महीने**

सी. 24 महीने

डी. 32 महीने

**Q46: असत्य कथन की पहचान करें**

A. बैंक खाता खोलने वाले प्रत्येक व्यक्ति को ओवरड्राफ्ट और ऋण देते हैं।

B. दूसरा शैक्षिक ऋण बैंकों द्वारा कभी भी स्वीकृत नहीं किया जाता है

**C.दोनों झूठे हैं**

D. दोनों सत्य हैं

**Q47: RuPay डेबिट कार्ड __________ द्वारा पेश किया गया है**

A. भारतीय रिजर्व बैंक

B. बैंकिंग कार्मिक चयन संस्थान

**C. भारतीय राष्ट्रीय भुगतान निगम**

D. वित्त मंत्रालय

**प्रश्न 48: क्यूएसएएम सेवा का उपयोग करके कोई भी डायल करके अपने बैंक खाते से आधार सीडिंग की स्थिति की जांच कर सकता है।**

ए. 99#

बी. 9999#

**सी.9999#**

डी 999#

Q49: कियोस्क ऑपरेटर के लिए इंफ्रास्ट्रक्चर की आवश्यकता क्या है?

A. वेब कैमरा और स्पीकर के साथ पीसी

B. इंटरनेट कनेक्टिविटी

C. फिंगर प्रिंट स्कैनर

D. उपरोक्त सभी

Q50: एकमात्र सबसे महत्वपूर्ण कौशल वित्तीय परामर्शदाताओं के पास उनकी तकनीकी विशेषज्ञता है

A.सत्य

B. झूठा

प्रश्न51: कम आय वाले और वंचित समूहों को वहनीय कीमत पर बैंकिंग सेवाओं तक पहुंच प्रदान करके उन्हें बैंकिंग के दायरे में लाने का क्या मतलब है?

A. कृषि बैंकिंग

B.वित्तीय समावेशन

C. यूनिवर्सल बैंकिंग

D. इलेक्ट्रॉनिक बैंकिंग

प्रश्न52: नामांकन सुविधाएं उपलब्ध हैं

A. जमा खातों में

B. सुरक्षित जमा लॉकरों पर

C. सुरक्षित अभिरक्षा के लिए जमा की गई वस्तुओं पर

D. उपरोक्त सभी मामलों में

Q53: भारत में कौन से बैंक शामिल हैं जिनके शेयर इन बैंकों के बहुमत के पास हैं, जो पुरानी पीढ़ी के निजी बैंकों की श्रेणी से संबंधित हैं, जो छोटे बैलेंस शीट आकार, क्षेत्रीय संचालन और व्यावसायिक गतिविधियों की विशेषता है?

A. विदेशी बैंक

B. भारतीय निजी क्षेत्र के बैंक

C. स्थानीय क्षेत्र के बैंक

D. भुगतान बैंक

प्रश्न54: पीएमएमवाई के तहत उपलब्ध अधिकतम ऋण राशि क्या है?

ए. 5.00 लाख

बी.10.00 लाख

सी. 50.00 लाख

Q55: हाइब्रिड डिपॉजिट का मतलब है

A. एसबी और सीडी का संयोजन

B. मांग और सावधि जमा का संयोजन

C. मासिक आय योजना और अर्धवार्षिक योजना का संयोजन

D. उपरोक्त में से कोई नहीं

**Q56: बैंकों के प्रमुख कार्य __________ हैं**

A. जमा स्वीकार करना

B. उधार और निवेश

C. गैर-निधि व्यापार और प्रेषण सेवाएं

**D. उपरोक्त सभी**

**Q57: एटीएम का मतलब है**

A.. कभी भी पैसा

B. महिंद्रा का ऑटो ट्रक

C.ऑटोमेटेड टेलर मशीन

D. उपरोक्त में से कोई नहीं

**प्रश्न58: किस प्रकार के ग्राहक फ्लेक्सी रेकरिंग डिपॉजिट पसंद करते हैं?**

A. वेतनभोगी वर्ग

**B. ऐसे खंड जिनमें नियमित आवधिक नकदी प्रवाह होता है**

C. ऐसे खंड जिनमें नियमित आवधिक नकदी प्रवाह नहीं होता है

D. उपरोक्त में से कोई नहीं

**प्रश्न59: बचत बैंक जमाराशियों पर ब्याज का भुगतान किया जाता है**

A.. हर महीने

B. त्रैमासिक

C. अर्धवार्षिक

D. बैंक की नीति के अनुसार

**Q60: PMJDY योजना के तहत प्रदान किए गए जीवन बीमा कवर के लिए सुनिश्चित राशि __________ है**

**A. रु. 30,000/-**

B. रुपये। 5,000/-

C. रुपये। 25,000/-

D. रुपये। 1,00,0000/-

**Q61: APBS (आधार पेमेंट ब्रिज सिस्टम)**

A. प्रायोजक बैंक के खाते से एक डेबिट और विभिन्न गंतव्य बैंक के खाते में कई क्रेडिट

B. अलग-अलग गंतव्य बैंक के खाते में कई डेबिट और प्रायोजक बैंक खाते के लिए एक समान एकल क्रेडिट

C. बड़ी संख्या में लाभार्थियों को सब्सिडी/सरकारी लाभों के वितरण के लिए एक निर्देश द्वारा उपयोग किया जाता है

D. A और C दोनों

Q62: व्यापार प्रतिनिधियों द्वारा की जाने वाली गतिविधियों के दायरे में शामिल नहीं होंगे

A. संभावित ग्राहक की पहचान

B. छोटे मूल्य की जमा राशि का संग्रह

C. रुपये से अधिक नहीं ऋण की मंजूरी। 1000

D. मूलधन की वसूली और उधारकर्ता से ब्याज की वसूली

प्रश्न 63: जब बैंकर अपने ग्राहक को ओवरड्राफ्ट की अनुमति देता है, तो उसके ग्राहक और उसके बीच का रिश्ता होता है

A. बैलर और बेली

B. पट्टेदार और पट्टेदार

C. देनदार और लेनदार

D. लेनदार और देनदार

प्रश्न 64: पीएमजेडीवाई का अर्थ है ___________

A. प्रधानमंत्री जन-धन योजना

B. प्रधान मंत्री जन-धन योजना

C. प्रधानमंत्री जनांदोलन योजना

D.प्राथमिक धन जोड़ योजना

Q65: निम्नलिखित में से कौन बैंक मित्र नहीं हो सकता है?

A. सेवानिवृत्त बैंक कर्मचारी

B. सेवानिवृत शिक्षक

C. सेवानिवृत्त सरकारी कर्मचारी

D. स्थानीय पंचायत सचिव

Q66: "AEPS" का विस्तार करें

A. खाता सक्षम भुगतान प्रणाली

B. आधार भुगतान और निपटान सक्षम करें

C.आधार सक्षम भुगतान प्रणाली

D. कहीं भी इलेक्ट्रॉनिक भुगतान समाधान

Q67: ___________ व्यवसायों द्वारा उनके दैनिक कार्यों के लिए खाते का रखरखाव किया जाता है

A.एक लहर

B. बचत

C. सावधि जमा

D. आवर्ती जमा

**Q68: बैंक ब्याज का भुगतान करते हैं**

A.जमा

B. ऋण

C. उपरोक्त दोनों

D. उपरोक्त में से कोई नहीं

प्रश्न 69: परामर्शदाता के लिए ग्राहक के प्रति स्वीकृति का दृष्टिकोण व्यक्त करना विशेष रूप से महत्वपूर्ण नहीं है

A.सत्य

B.झूठा

प्रश्न 70: यदि ग्राहक द्वारा सुरक्षित अभिरक्षा के उद्देश्य से प्रतिभूतियों या दस्तावेजों को जमा किया जाता है, तो बैंकर ग्राहक के निर्देशों के अनुसार उनके साथ व्यवहार करता है, बैंकर की स्थिति है

ए. देनदार और लेनदार

बी. प्रिंसिपल और एजेंट

सी. ट्रस्टी और लाभार्थी

डी. लेसर और लेसी

**Q71: PMJDY योजना के तहत प्रदान किए गए जीवन बीमा कवर के लिए सुनिश्चित राशि _________ है**

ए. रुपये। 30,000 /-

बी. रुपये। 5,000/-

सी. रुपये। 25,000/-

डी. रुपये। 1,00,0000/-

प्रश्न 72: निम्नलिखित विवरणों के लिए ईएमआई की गणना करें। आवास ऋण - 40 लाख; ब्याज दर - 10.5%; ऋण की अवधि - 20 वर्ष

ए. रुपये। 40,000

बी.रु. 39,935

प्रश्न 73: सावधि जमा खाता सामान्यतया अधिकतम अवधि के लिए खोला जा सकता है:

ए. 12 महीने

बी. 10 साल

सी. 60 महीने

डी. 72 महीने

**प्रश्न 74:** बचत बैंक खाता खोलते समय बैंक निवास का प्रमाण नहीं मांगते हैं।

A.सत्य

B.झूठा

**प्रश्न 75:** वित्तीय परामर्श में ग्राहकों को सलाह देने का उद्देश्य उन्हें वह करने के लिए राजी करना है जो परामर्शदाता सोचते हैं कि उन्हें करना चाहिए।

A.सत्य

B.झूठा

**प्रश्न 76:** मनी लॉन्ड्रिंग के तीन चरण हैं:

A. लेयरिंग, प्लेसमेंट, रिफाइनिंग

B. प्लेसमेंट, रिफाइनिंग, इंटीग्रेशन

C. रिफाइनिंग, इंटीग्रेशन, लेयरिंग

**D. एकता, लेयरिंग, प्लेसमेंट**

**प्रश्न 77:** जब कोई बैंक उपयोगिता सेवाओं जैसे बिजली, टेलीफोन, आदि के बिलों का भुगतान करने के लिए ग्राहक के स्थायी निर्देशों पर कार्य करता है; दोनों के बीच संबंध है:

**A. प्रिंसिपल और एजेंट**

B. मालिक और नौकर

C. ट्रस्टी और लाभार्थी

D. ये सभी

**प्रश्न 78:** वाहन ऋण निम्नलिखित की जमानत पर दिया जाता है:

A. वाहन वित्त की प्रतिज्ञा

**B.वित्तपोषित वाहन का दृष्टिबंधक**

C. वित्तपोषित वाहन का बंधक

D. उधारकर्ता की संपत्ति का दृष्टिबंधक

**प्रश्न 79:** एफडीआर पर ब्याज चक्रवृद्धि होता है

क. मासिक आधार

**B. त्रैमासिक आधार**

C. अर्धवार्षिक आधार पर

D. वार्षिक आधार

**Q80:** यदि A रुपये का निवेश करता है। 24 7% ब्याज दर पर 5 साल के लिए, 5 साल के अंत में कुल मूल्य है

A. 31.66

**B.33.66**

C. 36.66

D. 39.66

प्रश्न 81: प्रधानमंत्री जन-धन योजना (पीएमजेडीवाई) के तहत, खाताधारक को रुपये तक के इनबिल्ट दुर्घटना बीमा कवर के साथ रुपे डेबिट कार्ड प्रदान किया जाता है।
___________

A. 5 लाख

B. 4 लाख

C. 2 लाख

D. 1 लाख

प्रश्न 82: किन कार्डों में, कार्डधारक द्वारा लेन-देन आम तौर पर एक महीने की अवधि में जमा होते हैं और कुल राशि चार्ज की जाती है, यानी कार्डधारक के खाते से डेबिट की जाती है?

ए. चार्ज कार्ड

बी. क्रेडिट कार्ड

सी. स्मार्ट कार्ड

डी. सदस्य कार्ड

Q83: ईएमआई का मतलब है

A. इलेक्ट्रॉनिक मीडिया इंटरफ़ेस

B. समान मासिक किस्त

C. समान मासिक ब्याज

D. उपरोक्त में से कोई नहीं

Q84: कार्यशील पूंजी का अर्थ है ___________

A. वर्तमान देनदारियों की तुलना में वर्तमान संपत्तियों की अधिकता

B. फिक्स्ड एसेट - करंट एसेट्स

C. दैनिक लेन-देन के लिए आवश्यकताएँ

D. उपरोक्त में से कोई नहीं

प्रश्न 85: नाबार्ड द्वारा 1982 में विकास स्वैच्छिक वाहिनी कार्यक्रम के रूप में किसान क्लब शुरू में "___________ के माध्यम से विकास" के 5 सिद्धांतों का प्रचार करने के लिए शुरू किया गया था।

ए. बचत

बी. क्रेडिट

सी. रिकवरी

डी. बैठक और चर्चा

प्रश्न 86: पीएमजेडीवाई खाते में बचत पर कितना ब्याज अर्जित होगा?

A. बचत बैंक खाते के लिए लागू ब्याज दर

B. ब्याज दर वित्त मंत्रालय द्वारा तय की जाएगी

C. कोई ब्याज नहीं दिया जाएगा

D. फिलहाल 2% की दर से ब्याज

प्रश्न 87: एलआईसी पॉलिसी के खिलाफ आगे बढ़ते समय बनाए गए शुल्क की प्रकृति है:

ए.असाइनमेंट

बी. ग्रहणाधिकार

सी. प्रतिज्ञा

डी. सेट-ऑफ

प्रश्न 88:जीटीबैंक, एक नाइजीरियाई बैंक को अपने ग्राहकों को संयुक्त राज्य अमेरिका से प्रेषण के रूप में घर पर बहुत पैसा भेजा जाता है। चूंकि जीटीबैंक की अमेरिका में भौतिक उपस्थिति नहीं है, इसलिए यह सिटीबैंक के साथ एक समझौते में प्रवेश करता है, जहां बाद में यूएस डॉलर में जीटीबैंक के लिए दूरस्थ रूप से खाता खोला जाता है। इस तरह नाइजीरिया में जीटीबैंक खाताधारकों को पैसे भेजने वाले अमेरिकी ग्राहक और व्यवसायों द्वारा प्राप्त धन उस खाते में जमा किया जाएगा जो जीटीबैंक के पास सिटीबैंक के पास है। इसके बाद जमा किया गया यह पैसा सिटी बैंक द्वारा स्विफ्ट के माध्यम से नाइजीरिया में GTBank के अमेरिकी डॉलर खाते में स्थानांतरित कर दिया जाएगा। स्थानांतरण पूर्ण होने के साथ, जीटीबैंक डॉलर-मूल्यवर्गित धन प्राप्त करता है, उन्हें स्थानीय मुद्रा, यानी नायरा में परिवर्तित करता है, और उन्हें प्राप्तकर्ताओं के स्थानीय खातों में जमा करता है। जीटीबैंक के दृष्टिकोण से, सिटीबैंक के साथ इसका यूएसडॉलर खाता एक _______________ है

A. वोस्त्रो खाता

B. लोरो खाता

C. नोस्ट्रो खाता

D. बचत खाता

क्यू 89। ईबीटी का मतलब है

क. आर्थिक लाभ अंतरण

B.इलेक्ट्रॉनिक बेनिफिट ट्रांसफर

C. लेन-देन के लिए इलेक्ट्रॉनिक बोर्ड

Q90. बैंकर के पास तरलता का अर्थ है

क. हाथ में नकद

बी नकद और बैंक शेष

C. नकदी में परिवर्तित करने के लिए कम समय की वर्तमान संपत्ति

D. उपरोक्त सभी

प्रश्न91. संयुक्त हिन्दू परिवार में सबसे बड़े सदस्य को कहा जाता है

ए. दादा

बी. कर्ता

सी. नेता

डी. गाइडर

प्रश्न92. RuPay कार्ड को सुरक्षित रखने के लिए निम्नलिखित में से कौन से उपाय आवश्यक हैं?

ए.रूपे कार्ड को स्वयं की अभिरक्षा में रखना है

बी. पिन को लगातार अंतराल पर बदला जाना चाहिए

ग. पिन कभी भी किसी के साथ साझा नहीं करना चाहिए

डी. एटीएम मशीन या पीओएस पर कार्ड का उपयोग करते समय, पिन को मशीन में बहुत गुप्त रूप से दर्ज किया जाना चाहिए ताकि कोई भी कभी भी पिन नंबर तक पहुंच न सके

प्रश्न93. ग्राहकों के लिए, बैंक अन्य बैंकों पर भी आहरित चेक जमा करते हैं

A.सत्य

B. झूठा

प्रश्न94. नई कार की खरीद के लिए रु. 5 लाख की ऋण राशि के लिए ईएमआई की गणना करें। लागू ब्याज दर 12% है और ऋण की अवधि 4 वर्ष है

A. 13,266 रुपये

B.13,167 रुपये

C. 13,037 रुपये

D. 14,000 रुपये

प्रश्न95. प्रधानमंत्री जन धन योजना (पीएमजेडीवाई) के तहत 6 महीने तक खाते के संतोषजनक संचालन के बाद कितनी राशि की ओवरड्राफ्ट सुविधा उपलब्ध होगी?

A. रु. 1000/-

B. 5000/- रुपये

C. रु. 10000/-

D. रु. 15000/-

प्रश्न 96. पीएमएमवाई का मतलब क्या है?

A. प्राथमिक मुद्रा बाजार योजना

B. प्रधानमंत्री मुद्रा योजना

C. प्राइम लेंडिंग मनी योजना

D. प्रधानमंत्री मुद्रा योजना

प्रश्न97. _________________ शाखा स्तर पर शिकायत के समाधान के लिए जिम्मेदार है

A.बीसी एजेंट

B. नामित काउंटर क्लर्क

C. उप-कर्मचारी

**D. शाखा प्रबंधक**

प्रश्न98. शाखाएँ उन ग्राहकों के लिए खाते खोल सकती हैं जो केवाईसी दस्तावेज़ प्रदान करने में सक्षम नहीं हैं, बशर्ते कि वे अपने सभी खातों में रु.

A. 1 लाख रुपये

B. 2 लाख रुपये

**C. 50,000 रु**

D. 5000 रुपये प्रति माह

प्रश्न99. निम्नलिखित में से कौन सी RuPay डेबिट कार्ड की मुख्य विशेषताएं हैं?

A. कम लागत और सामर्थ्य

B. भारतीय ग्राहकों से संबंधित जानकारी का संरक्षण

C. अनुकूलित उत्पाद की पेशकश

**D. उपरोक्त सभी**

क्यू100। एक ग्राहक के लिए चेक/बिलिंग आदि जमा करते समय, बैंक निम्न कार्य करता है:

**A. ग्राहक का एजेंट**

B. ग्राहक का ट्रस्टी

C. गिरवी रखने वाला

D. कर्जदार

# 5

# अध्याय पाँच(एमसीक्यू उत्तर के साथ)

**_बोल्ड आइटम सही उत्तर हैं।_** ( बोल्ड विकल्प सही उत्तर हैं।)

Q1: गोपनीयता बनाए रखने के लिए एक बैंकर की बाध्यता लागू होती है

A. मौजूदा जमा खाते

B. मौजूदा सुरक्षित जमा खाते

C. बंद जमा खाते

**D. ये सभी**

Q2। बचत बैंक खाते पर ब्याज की गणना अब दैनिक उत्पाद आधार पर की जाती है

**A.सत्य**

B. झूठा

Q3। अपने ग्राहक को जानिए (केवाईसी) दिशानिर्देश का उद्देश्य है

ए) ग्राहकों के निवास प्रमाण के साथ पहचान स्थापित करें

बी) फर्जी या बेनामी लेनदेन को रोकें

सी) बैंक को नेकनीयती से काम न करने के जोखिम से बचाएं

**डी) उपरोक्त सभी**

Q4। बैंक का प्रमुख कार्य है

ए) जमा स्वीकार करना

बी) उधार और निवेश

सी) गैर-निधि व्यापार और प्रेषण सेवा

**डी) उपरोक्त सभी**

प्र. 5 ईसीएस भुगतान के लाभ हैं.........

A) लाभार्थी को कोई चेक जारी करने की आवश्यकता नहीं है

B) खाते में पर्याप्त राशि होने पर भुगतान में चूक नहीं होगी।

C) नहीं, लाभार्थी द्वारा अनुवर्ती कार्रवाई की आवश्यकता है क्योंकि प्राप्त अधिदेश के आधार पर भुगतान स्वचालित रूप से प्राप्त हो जाएगा

D) जारीकर्ता को परेशानी मुक्त, क्योंकि वह उसे प्रत्येक भुगतान के लिए चेक जारी करने का समय बचाता है।

E) उपरोक्त सभी

Q. 6 मुद्रा लोन के तहत, किशोर लोन ...... तक कवर करता है।

क) रु. 25,000 रुपये तक। 2 लाख

ख) रुपये 50,000 रुपये तक। 3 लाख

ग) रु. 50,000 रुपये तक। 5 लाख

घ) रु. 75,000 रुपये से 7 लाख रुपये तक

प्रश्न 7. क्या किसी नाबालिग को चालू खाता संचालित करने के लिए अधिदेश धारक के रूप में नियुक्त किया जा सकता है, जिसमें खाते से अधिक आहरण की शक्ति भी शामिल है?

A) नहीं, अवयस्क अनुबंध करने में अक्षम है।

B) हां, एक अवयस्क को खाता संचालित करने की अनुमति दी जा सकती है लेकिन खाते से अधिक आहरण की अनुमति नहीं है।

C) हां, किसी अवयस्क को एजेंट के रूप में नियुक्त करने और दिए गए प्राधिकार के अनुसार खाते को ओवरड्रॉ करने सहित खाते का संचालन करने पर कोई रोक नहीं है।

D) उपरोक्त सभी।

Q. 8 RuPay कार्ड योजना किसके द्वारा संचालित की जाती है?

a) एनबीएफसी

b) भारतीय राष्ट्रीय भुगतान निगम।

c) सार्वजनिक क्षेत्र और निजी क्षेत्र के बैंक संयुक्त रूप से।

d) भारतीय रिजर्व बैंक।

प्रश्न 9. एक व्यक्ति बैंक से ऋण लेता है और अपनी बीमा पॉलिसियों को बैंक के पक्ष में सौंप देता है। रिश्ता टूट जाएगा....

ए) प्लेजर और प्लेजी

बी) असाइनर और असाइनी

सी) लेनदार और देनदार

घ) लाभार्थी और ट्रस्टी

प्रश्न 10 चालू खाते में कौन से दिए जाते हैं, जिससे ग्राहक अपनी नकद आवश्यकता के अनुसार स्वीकृत सीमा तक ओवरड्रॉ कर सकता है और यह एक चालू खाता है और ब्याज केवल डेबिट शेष राशि पर लगाया जाता है?

क) कैश क्रेडिट

ख) सावधि ऋण

ग) क्रेडिट कार्ड बकाया

घ) ओवरड्राफ्ट

प्रश्न 11 एक सफल वित्तीय परामर्शदाता के लिए ग्राहक का प्रतिरोध व्यवहार महत्वहीन है

क) सत्य

**ख) झूठा**

प्रश्न 12. साक्षात्कार, परामर्श और सलाह देना सभी एक दूसरे के समान और भिन्न हैं

क) सत्य

ख) झूठा

प्रश्न 13 पीएमएमवाई ऋण के तहत मुद्रा की क्या भूमिका है

a) MUDRA एक प्रत्यक्ष ऋण देने वाली संस्था है और छोटी/सूक्ष्म इकाइयों के उद्यमियों को सीधे PMMY के लिए उधार देती है

b) एक पुनर्वित्त एजेंसी के रूप में कार्य करता है और सभी बैंकों, NBFC, MFI को पुनर्वित्त करता है ताकि आवश्यकता के अनुसार PMMY ऋण की विभिन्न श्रेणियों के तहत ग्राहकों को ऋण दिया जा सके।

c) मुद्रा बैंक का नियामक है

प्रश्न 14 पीएमएमवाई के तहत स्वीकृत/वितरित कुल ऋण बैंकों/एनबीएफसी/एमएफआई, आम जनता की जानकारी के लिए ...... के लिए सुलभ है।

ए) डीएफएस वेबसाइट

बी) मुद्रा पोर्टल

सी) पीएमओ की वेबसाइट

प्रश्न 15. बीमा की कितनी राशि तक जमा राशि का बीमा किया जाता है?

क) रु. बैंक की प्रति शाखा प्रति जमाकर्ता 1 लाख

**ख) रु. प्रति बैंक प्रति जमाकर्ता 1 लाख**

ग) रु. बैंकिंग प्रणाली से प्रति जमाकर्ता 1 लाख

घ) रु. 1 लाख प्रति जमाकर्ता एकल या संयुक्त रूप से आयोजित

प्र. 16 शनिवार को एनईएफटी के संचालन के घंटे क्या हैं

a) दोपहर 12 बजे तक

b) पूर्वाह्न 11:00 बजे तक

c) यूपी से 11:30 AM तक

d) शाम 7:00 बजे तक

प्रश्न 17. एक व्यक्ति ने एक लैपटॉप रुपये में खरीदा। साप्ताहिक भुगतान के रूप में 2 साल में देय साधारण ब्याज दर पर 12% पर बैंक से ऋण लेकर 30,000। ब्याज की कुल

राशि रु......... होगी और साप्ताहिक किस्त रु....... होगी।

ए) 7200, रुपये। 357.60

बी) 3600, रुपये। 357.60

सी) 7200, रुपये। 715.20

डि) 3600, रुपये। 715.20

प्र. 18 एक गैर-परक्राम्य क्रॉसिंग एक ....... है

a) सामान्य क्रॉसिंग

b) विशेष क्रॉसिंग

c) प्रतिबंधित क्रॉसिंग

d) असंक्रमणीय क्रॉसिंग

Q. 19 मुद्रा लोन मेआस में ......... तक का लोन दिया जाता है।

क) रु. 50,000 से रु. 3 लाख

ख) रु. 50,000 से रु. 6 लाख

ग) रु. 50,000 से रु. 9 लाख

घ) रु. 50,000 से रु. 10 लाख

प्र. 20 नो-फ्रिल्स खाता है

a) मूल बचत बैंक जमा खाता

b) ऋण खाता

c) सावधि जमा खाता

d) कैश क्रेडिट खाता

प्रश्न 21 निम्नलिखित में से कौन से कथन उनके जमाकर्ता के लिए नामांकन सुविधा के संबंध में सही हैं

ए) मौजूदा और नए जमाकर्ताओं के लिए नामांकन सुविधा उपलब्ध है

बी) केवल एक व्यक्ति के पक्ष में नामांकन किया जा सकता है

सी) एकल नाम या संयुक्त नाम पर व्यक्तियों के नाम पर खड़े खातों के लिए नामांकन सुविधा उपलब्ध है।

डि) उपरोक्त सभी

Q. 22 रुपये का मृत्यु दावा लाभ। 30000 का निपटान एलआईसी के डिज़ाइन किए गए पेंशन और समूह योजना (पी एंड जीएस) कार्यालय द्वारा किया जाएगा

A)सत्य

B) झूठा

प्रश्न 23. आप किसे बैंक का ग्राहक मानेंगे

A) एक व्यक्ति जो चेक डीडी के नकदीकरण और बिलों की सेवानिवृति के लिए प्रतिदिन बैंक जाता है

B) एक व्यक्ति जिसका बैंक में विधिवत रूप से किसी भी प्रकार का एक परिचय खाता है

C) एक व्यक्ति जो कुछ दिनों के बाद खाता खोलना चाहता है

D) एक व्यक्ति जिसका बैंकिंग परिसर में आना-जाना अर्थात किसी भी प्रयोजन के लिए बैंकिंग हॉल में आना।

E) उपरोक्त में से कोई नहीं

प्रश्न 24 गैर-मेट्रो शहरों में एक महीने में अन्य बैंकों के एटीएम में कितने लेनदेन की अनुमति है, किसी भी शुल्क से मुक्त है।

क) 2

ख) 3

ग) 5

घ) 7

प्र.25. बैंक बियरर डिमांड ड्राफ्ट जारी करते हैं जहां बैंक के काउंटर से भुगतान प्राप्त किया जा सकता है

a)सत्य

b) असत्य

प्र.26. एटीएम बैंकिंग चैनलों में से एक है, यहाँ संक्षिप्त नाम 'एटीएम' का अर्थ है ......

ए) ऑल टाइम मनी

बी) स्वचालित टेलर मशीन

सी) स्वचालित लेनदेन धन

प्र.27. क्या कोई नाबालिग पीएमजेडीवाई के तहत खाता खोल सकता है?

क) 18 वर्ष से अधिक आयु का नाबालिग किसी भी बैंक में अपना बचत बैंक खाता खोल सकता है

ख) 10 वर्ष से अधिक आयु का अवयस्क किसी भी बैंक में अपना बचत बैंक खाता खोल सकता है

ग) 12 वर्ष से अधिक आयु का अवयस्क किसी भी बैंक में अपना बचत बैंक खाता खोल सकता है

घ) इस योजना के अंतर्गत अवयस्क खाता नहीं खोल सकता है

प्रश्न 28. नामांकन केवल किसके पक्ष में किया जा सकता है

क) एक बैंक

ख) एक पति या पत्नी और अभिभावक के साथ बच्चे

ग) माता-पिता, पति/पत्नी और बच्चे

घ) कोई भी व्यक्ति

प्र.29. दो अनुप्रस्थ समानांतर रेखाओं को क्रासिंग में खाता प्राप्तकर्ता है

ए. विशेष क्रॉसिंग

बी. जनरल क्रॉसिंग

सी. प्रतिबंधित क्रॉसिंग

डी. यूनिवर्सल क्रॉसिंग

क्यू30। डेबिट कार्ड में निम्नलिखित में से कौन सी विशेषताएँ उपलब्ध होती हैं

ए) खरीद के लिए भुगतान सीधे खाते में डेबिट किया जाता है

बी) एटीएम के माध्यम से नकद निकासी खाते से तुरंत डेबिट की जाती है

सी) खरीद/उपयोग के लिए किए गए भुगतान को एक निश्चित अवधि के बाद बाद में डेबिट किया जाएगा

डी) दोनों ए) और बी)

प्रश्न31. निम्न में से कौन कमजोर वर्ग के ऋण के अंतर्गत नहीं आएगा

A. ऋण सीमांत/छोटे किसानों को दिया जाता है

B. कारीगरों, ग्रामीण और कुटीर उद्योगों को ऋण दिया जाता है

C. एसटी/एसटी कर्जदारों को अग्रिम

D. महिला लाभार्थियों को 1 लाख से अधिक का ऋण

प्र32. फ्लोटिंग रेट ऑफ इंटरेस्ट वह दर है जो_________ है

A. बैंक द्वारा मनमाने ढंग से निर्णय लिया गया

B. एक अन्य प्रासंगिक अन्य के साथ जुड़ा हुआ है

C. भारतीय बैंक संघ द्वारा निर्धारित

D. भारतीय रिजर्व बैंक द्वारा अधिसूचित

प्रश्न 33. वाहन ऋण की अवधि या अवधि क्या है?

A. आम तौर पर 1 वर्ष

B. आम तौर पर 3-7 साल

C. आमतौर पर 5-7 साल

D. हमेशा 7-10 साल

प्रश्न34. एक इकाई को एक छोटे उद्यम (सेवा क्षेत्र) के रूप में वर्गीकृत किया जाएगा यदि उसका उपकरण में निवेश से अधिक नहीं है

ए.200 लाख

बी. 100 लाख

सी. 500 लाख

डी. इनमें से कोई नहीं

क्यू35। शाखाएँ उन ग्राहकों के लिए खाते खोल सकती हैं जो केवाईसी दस्तावेज़ प्रदान करने में सक्षम नहीं हैं, बशर्ते सभी खातों में एक साथ लिया गया कुल क्रेडिट योग एक वर्ष में _______ रुपये से अधिक होने की उम्मीद नहीं है

A. 1 लाख रुपये

B. 2 लाख रुपये

C. 50,000 रु

D. 50,000 रुपये प्रति माह

**प्र36. बीमा की कीमत को _______ कहा जाता है**

ए. शुल्क

बी. सेवा परिवर्तन

सी.प्रीमियम

डी. किश्त

**प्रश्न37. PMRY के तहत सहायता के लिए SHG में शामिल हो सकते हैं**

**A.5-20 शिक्षित बेरोजगार युवा**

B. 3-15 शिक्षित बेरोजगार युवा

C. 10-25 शिक्षित बेरोजगार युवा

D. 2-10 शिक्षित बेरोजगार युवा

**प्रश्न 38. निम्नलिखित में से कौन सा कथन सही नहीं है**

A. ऋण की किश्त की चुकौती को नकदी प्रवाह विवरण में नकदी बहिर्वाह के रूप में लिया जाता है

**B. मूल्यह्रास को विवरण में नकद बहिर्वाह के रूप में लिया जाता है**

C. बैंक को ब्याज भुगतान को नकदी प्रवाह विवरण में बहिर्वाह के रूप में लिया जाता है

D. स्क्रैप की बिक्री पर प्राप्त नकदी को नकदी प्रवाह विवरण में नकदी प्रवाह के रूप में लिया जाता है

**प्र39. जमानतदार-अमानतदार संबंध लागू होता है**

A. ग्राहक द्वारा खजांची के पास नकद जमा

B. बिक्री जमा लॉकर

C. बैंकर द्वारा जारी डिमांड ड्राफ्ट

**D. वस्तुओं को बैंक की सुरक्षित अभिरक्षा में रखना**

क्यू40। इंटरनेट बैंकिंग लेनदेन बहिष्कृत करें

**A. भारत में कहीं भी नकदी की निकासी**

B. एक विशिष्ट अवधि के लिए खाते का विवरण

C. एक खाते से दूसरे खाते में निधियों का अंतरण

D. बैलेंस पूछताछ

प्र41. मनी लॉन्ड्रिंग के किस चरण के तहत, वितीय लेन-देन की जटिल परतें बनाकर उनके स्रोत से अवैध आय को अलग करना, जिससे ऑडिट ट्रेल से बचा जा सके और धन के स्रोत को गुमनामी प्रदान की जा सके?

ए. लेयरिंग

बी. प्लेसमेंट

सी. एकीकरण

डी. उपरोक्त में से कोई नहीं

प्र42. एक इकाई को एक छोटे उद्यम (विनिर्माण) के रूप में वर्गीकृत किया जाएगा, यदि उसका संयंत्र और मशीनरी में निवेश __________ रुपये से अधिक नहीं है

ए. 100 लाख

बी.500 लाख

सी. 25 लाख

डी. 200 लाख

प्रश्न 43. केसीसी की अवधि के लिए जारी किए जाते हैं

A. एक साल

B.तीन साल

C. पाँच वर्ष

D. सात वर्ष

प्रश्न 44. डेबिट कार्ड्स

A. प्लास्टिक कार्ड विद्युत चुम्बकीय पहचान के साथ एम्बेडेड हैं

B. बैंकों द्वारा अपने ग्राहकों को जारी किए जाते हैं जो बिक्री टर्मिनलों के निर्दिष्ट बिंदुओं पर अपनी खरीद या सेवाओं के भुगतान के लिए उनका उपयोग कर सकते हैं

C. ग्राहकों को दूरस्थ रूप से उनके खातों में लेनदेन करने की सुविधा प्रदान करता है

D. उपरोक्त सभी

क्यू45. बैंकों के ऋण एवं अग्रिम उनके तुलन-पत्र में किसके पक्ष में दिखाई देते हैं?

ए. देयताएं

बी. संपत्ति

सी. आय

डी. व्यय

प्र46. यदि चुकौती क्षमता संदेह से परे स्थापित है तो खुदरा ऋणों में केवाईसी मानदंड लागू नहीं होते हैं

क. सत्य

ख.असत्य

प्रश्न 47. निम्नलिखित में से कौन सा बीसीए के लिए डीओ में शामिल है?

A. BCA को ग्राहक की जानकारी की गोपनीयता और गोपनीयता बनाए रखनी चाहिए

B बीसीए को स्थानीय राजनीति में शामिल होना चाहिए

C. बीसीए को अपने ग्राहकों के साथ उनकी जाति, पंथ या लिंग के अनुसार अलग व्यवहार करना चाहिए

D. BCA को आर्थिक रूप से बहिष्कृत लोगों के साथ लेन-देन नहीं करना चाहिए

प्रश्न 48. विदेश में अध्ययन के लिए शैक्षिक ऋण को प्राथमिकता प्राप्त क्षेत्र के ऋण के रूप में माना जाएगा, जिसकी सीमा तक होगी

A. 4 लाख रुपये

B. 10 लाख रुपये

C. 15 लाख रुपये

D. 20 लाख रु

प्र49. डिपॉजिट या पेइंग-इन स्लिप एक खाली फॉर्म है जिसमें जमा किए जाने वाले सिक्के, करेंसी या चेक और डिपॉजिट की राशि की जानकारी होती है (यह डिपॉजिट के साथ आता है)

ए. सच

बी. झूठा

क्यू50। ब्याज दर ज्ञात कीजिए, यदि वर्तमान मूल्य रु.100/- है और भविष्य का मूल्य तीन वर्षों में रु.115.76 हो जाता है

ए 4%

बी.5%

सी. 6%

डी. 7%

प्रश्न51. RBI ने उन व्यक्तियों के लिए खाते खोलने के लिए KYC प्रक्रिया को सरल बना दिया है, जो अपने सभी खातों में एक साथ मिलाकर _______ रुपये से अधिक नहीं रखने का इरादा रखते हैं और सभी खातों में कुल क्रेडिट एक वर्ष में _________ लाख रुपये से अधिक होने की उम्मीद नहीं है।

ए)50,000, 1,00,000

बी) 1,00,000, 5,00,000

सी) 5 लाख, 10 लाख

डी) 5 लाख, 15 लाख

प्रश्न52: ग्राहक की वित्तीय जरूरतों को लचीले तरीके से पूरा करने के लिए कौन सी जमा राशि मांग और सावधि जमा का संयोजन है?

ए. आवर्ती जमा

बी सावधि जमा

सी. संकर जमा

डी. सावधि जमा

Q53: किस उद्देश्य से मुद्रा ऋण का लाभ _________ से संबंधित किसी भी गतिविधि को करने के लिए लिया जा सकता है

A. निर्माण, प्रसंस्करण, व्यापार, सेवाएँ

B. व्यक्तिगत ऋण

C. प्राथमिक या द्वितीयक बाजार में शेयरों, जिंसों में निवेश

Q54: कौन सी प्रणाली एक फंड ट्रांसफर तंत्र है जहां धन का हस्तांतरण एक बैंक से दूसरे बैंक में वास्तविक समय और 'सकल' आधार पर होता है?

A. आरटीजीएस के माध्यम से प्रेषण

B. एईपीएस

C. आईएमपीएस

D. स्विफ्ट

प्रश्न55: किसान क्रेडिट कार्ड के लिए जारी किया गया

A. केवल अल्पावधि

B. सावधि ऋण के लिए ही

C. अल्पावधि और सावधि ऋण दोनों के लिए

D. केवल घरेलू खर्चों को पूरा करने के लिए

प्रश्न56: प्रेषण के मामले में बैंकर-ग्राहक संबंध है:

A. देनदार-लेनदार

B. क्रेडिट-देनदार

C. एजेंट-प्रिंसिपल

D. ट्रस्टी-लाभार्थी

Q57: भुगतान बैंक जमा स्वीकार कर सकते हैं _________

A. किसी भी प्रकार का और वह भी बिना किसी सीलिंग के

B. केवल सावधि जमा

C. केवल डिमांड डिपॉजिट bu इसकी कोई ऊपरी सीमा नहीं है

D.मांग जमा जिसमें शेष राशि रु. से अधिक न हो। प्रति ग्राहक 1 एल

प्रश्न58: एक एनपीए यहां एक ऋण या अग्रिम है

A. ब्याज और/या मूलधन की किश्त 90 दिनों से अधिक की अवधि के लिए अतिदेय रहती है

B. ब्याज और/या मूलधन की किस्त 180 दिनों से अधिक की अवधि के लिए अतिदेय रहती है

C. ब्याज और/या मूलधन की किस्त 270 दिनों से अधिक की अवधि के लिए अतिदेय रहती है

D. उपरोक्त में से कोई नहीं

प्रश्न59: प्रत्येक बैंक नीति के अनुसार एक न्यूनतम राशि है, जिसके नीचे सावधि जमा खाते खोले जा सकते हैं

A.सत्य

B..झूठा

प्रश्न 60: एक बार जमा खाते में नामांकन हो जाने के बाद

A. यह अपरिवर्तनीय है

B. इसमें केवल संशोधन किया जा सकता है

C. इसे रद्द और संशोधित दोनों किया जा सकता है

D. इसे रद्द किया जा सकता है

Q61: PMMY ऋण _____ पर लागू होते हैं

**A. पूरे भारत में सभी बैंक**

B. भारत में अधिसूचित क्षेत्रों/स्थानों के भीतर

C. पूरे भारत और विदेशों में सभी बैंक

Q62: खुदरा ऋण आम तौर पर दिए जाते हैं:

A. पेशेवर, व्यक्ति कुछ पैसे के मालिक हैं

B. एक व्यक्ति जिसके पास कुछ पैसा है

C. व्यक्तियों, संस्थानों, कंपनियों

**D.पेशेवर, वेतनभोगी कर्मचारी, निगम**

प्रश्न 63: एक खाताधारक निम्नलिखित पर चेक निकालता है:

A. भुगतानकर्ता का बैंकर

B. अदाकर्ता का बैंकर

C. दराज के बैंकर

D. बैंकर ऑफ द एंडोर्सी

प्रश्न 64: आरटीजीएस में एक खाते से दूसरे खाते में धन अंतरण करने में कितना समय लगता है?

A.लाभार्थी बैंक को धन हस्तांतरण संदेश प्राप्त होने के दो घंटे के भीतर लाभार्थी के खाते को क्रेडिट करना होगा

B. लाभार्थी बैंक को लाभार्थी के खाते को धन हस्तांतरण संदेश प्राप्त होने के एक घंटे के भीतर क्रेडिट करना होगा

C. लाभार्थी बैंक को बैच का निपटान समय प्राप्त होने के दो घंटे के भीतर लाभार्थी के खाते को क्रेडिट करना होगा

D. लाभार्थी बैंक को बैच का निपटान समय प्राप्त होने के बाईस घंटे के भीतर लाभार्थी के खाते को क्रेडिट करना होगा

Q65: एक चेक पार करना _______

A. चेक के सामने या पीछे

B. हमेशा दो समानांतर अनुप्रस्थ रेखाओं के बीच हो

C. चेक के ऊपर

D. एनआई अधिनियम के अनुसार दराज द्वारा रद्द किया जा सकता है

प्रश्न 66: व्यक्तियों को रु. तक का आवास ऋण प्रदान किया गया। गैर-शहरी केंद्रों पर घरों के निर्माण के लिए (उनके कर्मचारियों को बैंकों द्वारा दिए गए ऋणों को छोड़कर) प्राथमिकता प्राप्त क्षेत्र के अग्रिमों के रूप में माना जाता है।

A. पांच लाख

B. दस लाख

C.बीस लाख

D. पंद्रह लाख

Q67: "DFS" का अर्थ है _________

A. प्रत्यक्ष वित्तीय सेवा समाज

**B. वित्तीय सेवाओं का विभाग**

C. व्यथित किसान सेवा

D. उपरोक्त में से कोई नहीं

प्रश्न 68: मुद्रा के तहत ऋण प्राप्त करने के लिए कौन से दस्तावेज जमा करने की आवश्यकता है?

A. मानक ऋण आवेदन पत्र

B. केवाईसी और अन्य दस्तावेज जो उधार देने वाले बैंक/एनबीएफसी/एमएफआई के आंतरिक दिशानिर्देशों के अनुसार आवश्यक हो सकते हैं

**C. उपरोक्त दोनों**

प्रश्न 69: जब एक बैंक कॉर्पोरेट व्यक्ति को धन उधार देता है तो संबंध है

A. उधारकर्ता और ऋणदाता

**B.लेनदार और देनदार**

C. देनदार और लेनदार

D. ग्राहक और ग्राहक

प्रश्न 70: आईडीबीआई एक है

**A. निजी बैंक**

B. राष्ट्रीयकृत बैंक

C. सार्वजनिक क्षेत्र का बैंक

D. विकास बैंक

Q71: बैंकों ने हाल ही में एक सेवा शुरू की है जिसके माध्यम से मोबाइल फोन का उपयोग करके पैसा स्थानांतरित किया जा सकता है, इस सेवा को ____ के रूप में जाना

जाता है

A. एमटीएमटी (मोबाइल टू मोबाइल ट्रांसफर)

B. एमएमटीएफ (मोबाइल मनी ट्रांसफर सुविधा)

**C. IMPS (अंतर-बैंक मोबाइल भुगतान सेवा)**

D. IBMPS (इंटरनेट बैंकिंग मोबाइल भुगतान प्रणाली)

**प्रश्न 72:** बैंकों से समाशोधन गृह तक चेकों के भौतिक संचलन को रोकने की प्रक्रिया।

**A.चेक ट्रंकेशन सिस्टम (CTS)**

B. आधार पेमेंट ब्रिज सिस्टम (एपीबीएस)

C. आधार सक्षम भुगतान प्रणाली (AEPS)

D. ई-केवाईसी

**प्रश्न 73:** एलपीजी सब्सिडी योजना के डीबीटी के तहत पालन किए जाने वाले तौर-तरीके क्या हैं?

A. यदि ग्राहक के पास आधार संख्या है जो उनके बैंक खाते एलपीजी वितरक से जुड़ा होना चाहिए

B. यदि ग्राहक के पास आधार संख्या नहीं है तो उन्हें अपने एलपीजी वितरकों के साथ अपना बैंक खाता नंबर लिंक/सीड करना चाहिए।

C. एलपीजी ग्राहक एलपीजी ग्राहक आईडी को अपने बैंक खाते से जोड़कर भी सब्सिडी प्राप्त कर सकते हैं

D. उपरोक्त सभी

**Q74:** चक्रवृद्धि ब्याज के लिए निम्नलिखित में से कौन सा सही सूत्र है?

ए. ए=पी(1+आर/एन)^एनटी

बी. ए = आर (1 + पी / एन) ^ एनटी

सी. ए=पी(1-आर/एन)^एनटी

डी. उपरोक्त में से कोई नहीं

**प्रश्न75:** ऋण एनपीए कब होगा?

A. 90 दिनों से अधिक समय से बकाया ब्याज और/या ऋण की किस्तें

B. ओवरड्राफ्ट/कैश क्रेडिट के मामले में खाता 90 दिनों से अधिक समय से खराब है

C. बीपी/बीडी में बिल 90 दिनों से अधिक समय तक अतिदेय रहते हैं

D. उपरोक्त सभी

**प्रश्न 76:** बैंकर की भाषा में, ऋण देने में क्रेडिट रिस्क (लिंक) संदर्भित करता है:

**A.** उधारकर्ता के पुनर्भुगतान में चूक

B. एसएलआर बनाए रखने में बैंकरों की चूक

C. एक बैंकर द्वारा एक उधारकर्ता को क्रेडिट जारी करने में चूक

D. विदेशी मुद्रा के मूल्य में परिवर्तन

प्र77. कृषि, वृक्षारोपण, अर्ध-संस्कृति आदि के तहत ग्रामीण गतिविधियों से जुड़ी संपत्तियों की खरीद और संपत्ति के निर्माण के लिए कौन से ऋण प्रदान किए जाते हैं, जहां राशि तीन साल से अधिक समय की अवधि में चुकानी होती है?

A. भूमि विकास

B.बी फसल ऋण

C. लघु सिंचाई

D.कृषि टीम ऋण

प्रश्न 78. आईएमपीएस का मतलब है

A. तत्काल भुगतान सेवा

B. इंटरमीडिएट भुगतान सेवा

C. अंतर-बैंक भुगतान सेवा

D. उपरोक्त में से कोई नहीं

प्र79. स्वयं सहायता समूह क्या है ?

A. समान सामाजिक-आर्थिक पृष्ठभूमि वाले गरीब लोगों का एक छोटा स्वैच्छिक संघ

B. स्व-सहायता और पारस्परिक सहायता के माध्यम से अपनी सामान्य समस्याओं को हल करने के उद्देश्य से एक साथ आना

C. अपने सदस्यों के बीच छोटी बचत को बढ़ावा देना

D. उपरोक्त सभी

क्यू 80। निम्नलिखित में से कौन सा बंधक के बारे में सही है?

A. ऋणदाता बंधक है

B. विशिष्ट दृष्टिबंधक

C. चार्ज सृजित होने पर कब्ज़ा सौंप दिया गया

D. विशिष्ट अचल संपत्ति पर ब्याज का हस्तांतरण

क्यू81. पीएमजेडीवाई के तहत ओवरड्राफ्ट की मंजूरी कौन दे सकता है?

A. बीसी एजेंट

B. बैंक शाखा

C. बैंक का नियंत्रक कार्यालय

D. उपरोक्त में से कोई नहीं

प्रश्न 82. खुदरा ऋण आम तौर पर होते हैं:

A. बड़ी मात्रा में

B. मध्यम राशि

C. छोटी मात्रा

D. मध्यम और छोटी मात्रा

क्यू 83। जिस बैंक पर चेक लिखा होता है वह अदाकर्ता होता है

A. सत्य

B. झूठा

प्रश्न 84. जन धन योजना की दीर्घकालिक दृष्टि एक ______________ अर्थव्यवस्था की नींव रखती है

ए. नकद

बी. वस्तु विनिमय

सी. कैशलेस

डी. योजना बनाई

क्यू85. निम्न कथनों में से कौनसे गलत हैं?

A. SARFESI अधिनियम अदालतों और न्यायाधिकरणों के हस्तक्षेप के बिना बकाया राशि की वसूली के लिए सुरक्षा हित के प्रवर्तन का प्रावधान करता है।

B. किसी भी बैंक के साथ चूक करने वाले उधारकर्ताओं के बारे में जानकारी साझा करने के उद्देश्य से क्रेडिट सूचना प्रणाली शुरू की गई थी।

C. बैंक 20 लाख रुपये तक की राशि से जुड़े विवादों को लोक एडल्ट फोरम के माध्यम से सुलझा सकते हैं

D. भारतीय रिजर्व बैंक के निर्देशों के अनुसार, बैंक पूर्वव्यापी प्रभाव से उधार खातों का पुनर्निर्धारण/पुनर्गठन/पुनर्निबंधन कर सकता है।

क्यू 86। आरबीआई ने निर्देश दिया है कि केवाईसी (अपने ग्राहक को जानें) मानदंडों को सरल बनाया जाए

A. जिन व्यक्तियों के पास एक वर्ष में 5,000 रुपये से कम शेष राशि और खाते में 10,000 रुपये से अधिक नहीं है

B. ऐसे व्यक्ति जिनके पास 10,000 रुपये से कम शेष है और खाते में एक वर्ष में 50,000 रुपये से अधिक नहीं है

C. एक वर्ष में 1,00,000 रुपये से कम शेष और खाते में क्रेडिट 5,00,000 रुपये से अधिक नहीं होने वाले व्यक्ति

D. 50,000 रुपये से कम शेष राशि वाले व्यक्ति और खाते में एक वर्ष में 1,00,000 रुपये से अधिक नहीं

क्यू87. लोक अदालत क्या है?

A. यह बैंक बकाया के निपटान की एक आसान प्रक्रिया है

B. एक निर्दिष्ट राशि (20 लाख से कम) तक के छोटे ऋण लोक अदालत के माध्यम से निपटाए जा सकते हैं

C. यह आपसी समझौते की प्रक्रिया है

D. उपरोक्त सभी

क्यू88. सूक्ष्म/लघु उद्यमों को चलाने और स्थापित करने के लिए नमूना परियोजना प्रोफ़ाइल ____________ पर उपलब्ध है

A. डीएफएस वेबसाइट

**B. मुद्रा वेबसाइट**

C. पीएमओ की वेबसाइट

क्यू 89। पीएमजेडीवाई एलआईसी बीमा रु.30,000/- पहली बार खोले गए खातों के लिए उपलब्ध है

A. 15 अगस्त 2014 को

B.26 जनवरी 2015 को

C. 15 अगस्त 2014 और 26 जनवरी 2015 के बीच

D. उपरोक्त में से कोई नहीं

Q90. बैंक बैलेंस शीट में, ऋण और अग्रिम ____________ कॉलम में दिखाई देंगे

ए. देयताएं

बी. संपत्ति

सी. राजधानी

डी. आय

प्रश्न91. निम्नलिखित में से कौन PMJDY योजना के कार्यान्वयन और निगरानी के लिए जिला स्तरीय कार्यान्वयन समिति का सदस्य नहीं है?

A. नाबार्ड के विकास प्रबंधन को विचलित करना

**B. ग्रामीण बैंक की एक शाखा का शाखा प्रबंधक**

C. एनआरएलएम सदस्य

D. जिले में बैंकों के वरिष्ठतम अधिकारी

प्रश्न92. एक वरिष्ठ नागरिक गैर-वरिष्ठ नागरिक के साथ संयुक्त रूप से जमा खाता नहीं खोल सकता है

A.सत्य

**B.झूठा**

प्रश्न93. किस करेंसी नोट में सुरक्षा धागा होता है?

A. रु. 50/-

B. रु. 100/-

C. रु. 500/-

**D. उपरोक्त सभी**

प्रश्न94. चालू खाता जमा __________ के हकदार नहीं हैं

A. 100 पन्ने से ऊपर की चेक बुक

B. मासिक विवरण

C. नकद भुगतान

D. ब्याज

प्रश्न95. आरटीजीएस प्रेषण को प्रभावी करने के लिए प्रेषक ग्राहक को निम्नलिखित में से कौन सी जानकारी बैंक को प्रस्तुत करनी होगी

A. प्रेषित की जाने वाली राशि

B. लाभार्थी बैंक का नाम

C. लाभार्थी ग्राहक की खाता संख्या

D. उपरोक्त सभी

प्रश्न 96. प्रधान मंत्री जन धन योजना (PMJDY) निम्नलिखित में से किस तारीख को शुरू की गई थी

A. 16 <sup>मई</sup> 2014

B. 15 <sup>अगस्त</sup> 2014

C. 28 <sup>अगस्त</sup> 2014

D. 2 अक्टूबर 2014

प्रश्न97. बिल भुगतान सुविधा केवल चालू खाता ग्राहकों के लिए है

क. सत्य

ख. असत्य

प्रश्न98. कौन से बैंक मौजूदा बैंक से अलग हैं क्योंकि उन्हें एक छोटे व्यवसाय, असंगठित क्षेत्र, कम आय वाले परिवारों और प्रवासी कार्यबल की क्रेडिट और प्रेषण आवश्यकताओं को पूरा करने के लिए स्थानीय क्षेत्रों की सेवा करनी है?

A. लघु वित्त बैंक

B. विदेशी बैंक

C. क्षेत्रीय ग्रामीण बैंक

D. भुगतान बैंक

प्रश्न99. अनुसूचित वाणिज्यिक बैंकों से अपेक्षा की जाती है कि वे प्राथमिकता वाले क्षेत्र में ऋण का विस्तार करें और यह सुनिश्चित करें कि प्राथमिकता क्षेत्र के अग्रिमों में ______________ एएनबीसी या ऑफ बैलेंस शीट एक्सपोजर की क्रेडिट समतुल्य राशि, जो भी अधिक हो

A. अठारह प्रतिशत

B. चालीस प्रतिशत

C. बारह प्रतिशत

D. पच्चीस प्रतिशत

क्यू100। बैंकर एक उधारकर्ता को ऋण देने में जोखिम को कम कर सकता है

A. पर्याप्त सुरक्षा प्राप्त करके

B. यह सुनिश्चित करके कि उधारकर्ता के पास तरलता की कोई समस्या नहीं होगी

C. यह सुनिश्चित करके कि खाते में कोई चूक नहीं होगी और तरलता की कमी और उधारकर्ता की ओर से भुगतान करने की इच्छा के पीछे

D. केवाईसी दिशानिर्देशों के तहत उचित परिश्रम करके

**क्यू101।** अवयस्क खाता ___________ की संरक्षकता में खोला जा सकता है

A. माता और पिता

**B. माता या पिता**

C. दादा

D. बड़े भाई

# 6

# अध्याय छह (एमसीक्यू उत्तर के साथ)

1. निम्नलिखित में से कौन सी श्रेणी प्राथमिकता प्राप्त क्षेत्र के अंतर्गत आती है?

   A. निर्यात ऋण

   B. कृषि

   C. सोशल इंफ्रास्ट्रक्चर

   D. अक्षय ऊर्जा ई. ये सभी

   2. निम्नलिखित में से कौन सी श्रेणी प्राथमिकता क्षेत्र के अंतर्गत आती है?

A. सूक्ष्म, लघु और मध्यम उद्यम

   B. शिक्षा

   C. हाउसिंग

   D. ये सभी ई. इनमें से कोई नहीं

   3. काउंटर पर नकली नोट मिलने पर बैंक

   a) ग्राहक को नोट लौटाता है

   b) असली नोट से एक्सचेंज करें

   c) खाते में जमा

   d) नोट को ज़ब्त करें और रसीद जारी करें

   4.प्राथमिकता वाले क्षेत्र के तहत सौर-आधारित बिजली जनरेटर जैसे उद्देश्यों के लिए उधारकर्ताओं को _____ की सीमा तक बैंक ऋण।

A. रुपये। 10 करोड़

   B. रु. 18 करोड़

   C. रु. 15 करोड़

   D. रु. 20 करोड़ ई. इनमें से कोई नहीं

5. अलग-अलग परिवारों के लिए, प्राथमिकता क्षेत्र के तहत नवीकरणीय ऊर्जा के लिए ऋण सीमा _______ प्रति उधारकर्ता है।

ए. रु. 5 लाख

बी. रु. 10 लाख

सी. रु. 15 लाख

डी. रु. 20 लाख

ई. इनमें से कोई नहीं

6.प्राथमिकता वाले क्षेत्र के तहत सूक्ष्म और लघु उद्यमों को प्रति यूनिट ____ तक बैंक ऋण।

ए. रुपये। 1 करोड़

बी. रु. 2 करोड़

सी. रु. 3 करोड़

डी. रु. 5 करोड़

ई. इनमें से कोई नहीं

7.प्राथमिकता वाले क्षेत्र के तहत मध्यम उद्यमों को प्रति यूनिट _____ तक बैंक ऋण।

ए. रुपये 10 करोड़

बी. रुपये 18 करोड़

सी. रु. 15 करोड़

डी. रु. 20 करोड़

ई. इनमें से कोई नहीं

8.व्यावसायिक पाठ्यक्रमों सहित शैक्षिक उद्देश्यों के लिए व्यक्तियों को स्वीकृत राशि के बावजूद _______ तक के ऋण प्राथमिकता क्षेत्र के तहत वर्गीकरण के लिए पात्र हैं।

ए. रुपये 5 लाख

बी. रु. 10 लाख

सी. रु. 15 लाख

डी. रु. 20 लाख

ई. इनमें से कोई नहीं

9. प्राथमिकता क्षेत्र के तहत महानगरीय केंद्रों (दस लाख और उससे अधिक की आबादी वाले) में _______ तक के व्यक्तियों को ऋण।

ए. रुपये 25 लाख

बी. रु. 18 लाख

सी. रु. 15 लाख

डी. रु. 28 लाख

ई. इनमें से कोई नहीं

10. प्राथमिकता क्षेत्र के तहत प्रति परिवार आवासीय इकाई की खरीद/निर्माण के लिए अन्य केंद्रों में _________ तक ऋण।

ए. रुपये 20 लाख

बी. रु. 18 लाख

सी. रु. 15 लाख

डी. रु. 28 लाख

ई. इनमें से कोई नहीं

11.MSME के तहत, सूक्ष्म उद्यमों के लिए सेवा क्षेत्र में ऋण _________ लाख रुपये से अधिक नहीं है

ए.5

बी.15

सी.10

डी.20

12. अनुसूचित वाणिज्यिक बैंकों से अपेक्षा की जाती है कि वे प्राथमिकता वाले क्षेत्र में ऋण का विस्तार करें और यह सुनिश्चित करें कि प्राथमिकता क्षेत्र के अग्रिमों में _________ANBC या ऑफ-बैलेंस शीट एक्सपोजर की क्रेडिट समतुल्य राशि, जो भी अधिक हो।

ए. अठारह प्रतिशत

बी. चालीस प्रतिशत

सी. बारह प्रतिशत

डी. पच्चीस प्रतिशत

13. MSME के तहत, सूक्ष्म उद्यमों के लिए विनिर्माण क्षेत्र में ऋण _________ लाख रुपये से अधिक नहीं है

ए.50

बी.30

सी.25

डी.20

14. कैश फ्लो को जाना जाता है

ए। लॉटरी से नकद जीता

बी। अपठनीय साधनों से प्राप्त नकद

सी। माता-पिता से प्राप्त नकद

डी। आय और व्यय का वास्तविक प्रवाह

15. नकारात्मक नकदी प्रवाह की व्याख्या करें

ए। कैश इनफ्लो कैश आउटफ्लो से कम है

बी। कैश उपलब्ध नहीं है

सी। स्विस बैंक में रखा कैश

डी। ऊपर के सभी

**16. कैश फ्लो आकलन करने में मदद करता है**

ए। एक उद्यम की साख

बी। कार्यशील पूंजी की आवश्यकता

सी। उद्यम का वित्तीय मूल्य

डी। देनदारों के पास पड़ी राशि

**17. ऋणों को सुरक्षित कैसे बनाया जाता है?**

ए। पहचान प्रमाण, निवासी प्रमाण जैसी बुनियादी जांच की जानी चाहिए

बी। देनदार के नकदी प्रवाह की जांच की जाती है

सी। मामले के आधार पर गिरवी या दृष्टिबंधक बनाया जाना चाहिए

डी। ऊपर के सभी

**18. बैंकिंग लोकपाल योजना 1995 से आरबीआई द्वारा बैंकिंग विनियमन अधिनियम, 1949 के __________ के तहत शुरू की गई थी।**

A. धारा 35A

B. धारा 25A

C. धारा 45A

D. धारा 15ए

**19.निम्नलिखित में से कौन बैंकिंग लोकपाल योजना, 2006 के अंतर्गत आता है/हैं?**

A. अनुसूचित वाणिज्यिक बैंक

B. क्षेत्रीय ग्रामीण बैंक

C. प्राथमिक सहकारी बैंक

**D. ऊपर के सभी**

**20. ----- द्वारा नियुक्त एक वरिष्ठ अधिकारी है ।**

A. SEBI

B.भारतीय रिजर्व बैंक

C. इंडियन बैंक एसोसिएशन

D. नाबार्ड

**21.भारत में प्राथमिकता क्षेत्र ऋण दिशानिर्देश कौन जारी करता है?**

A. बैंकिंग पर्यवेक्षण पर बासल समिति (बीसीबीएस)

B. भारतीय रिजर्व बैंक (आरबीआई)

C. बैंक ऑफ इंटरनेशनल सेटलमेंट (BIS)

D. वित्तीय सेवा विभाग

22.निम्नलिखित में से किस प्रकार के बैंकों पर प्राथमिकता प्राप्त क्षेत्र उधार दिशानिर्देश लागू नहीं होते हैं?

ए। लघु वित्त बैंक

बी। विदेशी बैंक

सी। अनुसूचित वाणिज्यिक बैंक

डी। इनमें से कोई नहीं

23.निम्नलिखित में से कौन सा क्षेत्र भारत में प्राथमिकता क्षेत्र उधार दिशानिर्देशों के रूप में प्राथमिकता क्षेत्र के अंतर्गत नहीं आता है?

ए। ऑटोमोबाइल

बी। कृषि

सी। आवास

डी। शिक्षा

24. शिक्षा की कितनी राशि तक का ऋण प्राथमिकता क्षेत्र के रूप में वर्गीकृत होने के लिए पात्र है?

ए। 5 लाख रुपये

बी। 7.5 लाख रुपये

सी। 10 लाख रुपये

डी। 20 लाख रुपये

25. घरेलू अनुसूचित वाणिज्यिक बैंकों (क्षेत्रीय ग्रामीण बैंकों और लघु वित्त बैंकों को छोड़कर) के लिए समायोजित नेट बैंक क्रेडिट या ऑफ-बैलेंस शीट एक्सपोजर की क्रेडिट समतुल्य राशि, जो भी अधिक हो, के लिए कुल प्राथमिकता प्राप्त क्षेत्र लक्ष्य क्या है?

ए। 25%

बी। 30%

सी। 35%

डी। 40 %

26. डीआरटी _______ रुपये की वसूली के लिए मामलों पर विचार कर सकते हैं।

ए। 10 लाख और ऊपर

बी। 20 लाख और ऊपर

सी। 50 लाख और ऊपर

डी। 100 लाख और ऊपर

27. ________ तक के ऋण लोक अदालतों के माध्यम से निपटाए जा सकते हैं।

ए। 2 लाख

बी। 5 लाख

सी। 10 लाख

डी। 20 लाख

**28. सरफेसी अधिनियम ___________ रुपये तक बकाया ऋण के लिए लागू है**

ए। 10 लाख

बी। 5 लाख

सी। 2 लाख

डी। 1 लाख

**29. एक घटिया संपत्ति वह है जो ___________ से कम या उसके बराबर की अवधि के लिए एनपीए बनी हुई है।**

ए। 12 महीने

बी। 6 महीने

सी। 90 दिन

डी। 180 दिन

**30. मासिक अंतराल पर ब्याज लगाने से एनपीए के तहत अतिदेय नहीं बदलेगा।**

ए। मासिक ब्याज डेबिटिंग से 90 दिनों का अतिदेय होगा

बी। समाप्त होने वाली पिछली तिमाही से 90 दिन अतिदेय होंगे

सी। उपरोक्त दोनों

डी। इनमे से कोई भी नहीं

**31. लोन कब एनपीए होगा?**

ए। ब्याज और/या ऋण किस्तें 90 दिनों से अधिक समय से बकाया हैं

बी। ओवरड्राफ्ट/कैश क्रेडिट के मामले में खाता 90 दिनों से अधिक समय से खराब है

सी। बीपी/बीडी में 90 दिनों से अधिक के लिए बिल अतिदेय रहता है

डी। उपरोक्त सभी

**32. एक बैंक की "मानक संपत्ति" को एक संपत्ति के रूप में परिभाषित किया जाता है जो ___________ है**

ए। गैर-निष्पादित परिसंपत्ति (एनपीए) नहीं

बी। एक संदिग्ध संपत्ति

सी। एक ऋण संपत्ति

डी। इनमें से कोई नहीं

**33. किसी बैंक के ऋण या अग्रिम को "संदिग्ध" के रूप में परिभाषित किया जाता है, जब वह कम से कम अवधि के लिए उप-मानक श्रेणी में बना रहता है:**

ए। 6 महीने

बी। 12 महीने

सी। 3 महीने

डी। 18 महीने

**34. किसी बैंक के ऋण या अग्रिम को "नॉन-परफॉर्मिंग एसेट" (एनपीए) के रूप में परिभाषित किया जाता है, जब यह अवधि के लिए अतिदेय या आउट ऑफ ऑर्डर रहता है:**

ए। 90 दिन

बी। 90 दिनों से कम

सी। 90 दिनों से अधिक

डी। 180 दिनों से अधिक

**35. बैंकों के ऋण और अग्रिम उनके बैलेंस शीट में किस तरफ दिखाई देते हैं:**

ए। देनदारियों

बी। संपत्ति

सी। आय

डी। खर्च

**36. बैंक में गलती से ग्राहक द्वारा छोड़े गए सामान के मामले में बैंकर और ग्राहक का क्या संबंध है**

ए। अमानतदार - जमानतदार

बी। पट्टेदार-पट्टेदार

सी। लेनदार-देनदार

डी। ट्रस्टी-लाभार्थी

**37. लॉकर के मामले में बैंकर ग्राहक संबंध किसका होता है?**

ए। पट्टेदार-पट्टाकर्ता

बी। ट्रस्टी-लाभार्थी

सी। एजेंट-प्रिंसिपल

डी। लेसर - लेस देखें

**38. माल की सुरक्षित अभिरक्षा के मामले में बैंकर ग्राहक संबंध है ...**

ए। अमानतदार- जमानतदार

बी। ट्रस्टी-लाभार्थी

सी। एजेंट-प्रिंसिपल

डी। पट्टादाता पट्टेदार

**39.. गारनिशी आदेश निम्नलिखित संलग्न नहीं करता है ...**

ए। आदेश की प्राप्ति के 2 घंटे बाद राशि जमा की गई

बी। OD खाते में अनाहरित शेष

सी। सुरक्षित अभिरक्षा के लिए प्राप्त राशि

डी। ए + बी + सी

**40. एक नाबालिग जिसके अभिभावक को अदालत द्वारा नियुक्त किया गया है, पूरा होने पर बहुमत प्राप्त करता है ... वर्ष की आयु:**

A। 18

B। 21

C। 25

D। इनमें से कोई नहीं

**41.** अवयस्क का एक जमा खाता है जो उसके पिता और नैसर्गिक अभिभावक द्वारा संचालित होता है। यदि बाद वाला मर जाता है, तो अवयस्क के अवयस्क होने के दौरान आगम राशि कौन प्राप्त कर सकता है?

ए। नाबालिग खुद

बी। दादा

सी। अदालत द्वारा नियुक्त अभिभावक

डी। इनमें से कोई नहीं

**42.** एक साझेदारी फर्म में अधिकतम कितने एचयूएफ भागीदार बन सकते हैं?

ए। 2

बी। 3

सी। 10

डी। HUF पार्टनरशिप फर्म में भागीदार नहीं बन सकते हैं

**43.** एक ट्रस्ट के नाम से चालू खाता है। इस खाते में नामांकन की अनुमति दी जा सकती है यदि नामांकित व्यक्ति:

ए। ट्रस्टी

बी। ट्रस्ट डीड में नामित व्यक्ति

सी। मैनेजर

डी। नामांकित व्यक्ति की अनुमति नहीं दी जा सकती है

**44.** क्रेडिट नीति का निर्णय किसकी अध्यक्षता वाली समिति द्वारा लिया जाता है

ए। वित्त मंत्री

बी। आरबीआई गवर्नर

सी। आरबीआई के डिप्टी गवर्नर

डी। क्रेडिट नीति विभाग के प्रभारी आरबीआई के कार्यकारी निदेशक

इ। भारत सरकार के वित्त सचिव

**45.** भारतीय रिजर्व बैंक द्वारा वित्तीय प्रणाली में तरलता के इंजेक्शन के लिए निम्नलिखित एक तंत्र है

ए। रेपो

बी। रिवर्स रेपो

सी। सीआरआर में बढ़ोतरी

डी। ब्याज दर में वृद्धि

इ। इनमे से कोई भी नहीं

**46. रेपो लेनदेन के लिए निम्नलिखित में से कौन सा सही है?**

ए। रेपो पुनर्खरीद का संक्षिप्त रूप है

बी। एक रेपो लेनदेन में एक बैंक सहमत अवधि के बाद उसी को वापस खरीदने की शर्त के साथ प्रतिभूतियों (आरबीआई को) बेचकर अल्पावधि के लिए पैसा उधार लेता है।

सी। वे प्रतिभूतियाँ जो रेपो/रिवर्स रेपो सुविधा के लिए पात्र हैं, भारत सरकार की दिनांकित प्रतिभूतियाँ, टी बिल और राज्य विकास ऋण हैं।

डी। अभी रेपो रेट 6.75% है

इ। ऊपर के सभी

**47. ओपन मार्केट ऑपरेशन का मतलब है**

ए। प्राथमिकता प्राप्त क्षेत्र को वित्त प्रदान करना

बी। सट्टा गतिविधियाँ

सी। भारतीय रिजर्व बैंक द्वारा प्रतिभूतियों की खरीद और बिक्री

डी। कर्जमाफी

इ। एनएसई और बीएसई जैसे स्टॉक एक्सचेंजों में सीपीएसयू के शेयरों की बिक्री

**48. हमें अपनी बचत बैंकों में रखनी चाहिए क्योंकि**

ए) यह सुरक्षित है

बी) ब्याज अर्जित करता है

सी) कभी भी वापस लिया जा सकता है

डी) उपरोक्त सभी

**49. बैंक खिलाफ ऋण नहीं देता है**

ए) सोने के गहने

बी) एलआईसी पॉलिसी

सी) लॉटरी टिकट

डी) एनएससी

**50. बैंक जिसकी भारत में सबसे अधिक शाखाएँ हैं**

ए) भारतीय रिजर्व बैंक

बी) भारतीय स्टेट बैंक

सी) पंजाब नेशनल बैंक

डी) बैंक ऑफ बड़ौदा

**51. 100/- रुपए के नोट पर किसके हस्ताक्षर होते हैं**

ए) प्रधान मंत्री

बी) वित्त मंत्री

सी) आरबीआई गवर्नर

डी) उपरोक्त में से कोई नहीं

**52. एटीएम का पासवर्ड अंदर रखना चाहिए**

ए) व्यक्तिगत डायरी

बी) कार्यालय डायरी

सी) मेमोरी

डी) उपरोक्त सभी

**53. एटीएम पासवर्ड केवल किसके साथ साझा किया जाना है**

ए) पति या पत्नी

ब) आज्ञाकारी पुत्र

सी) आज्ञाकारी बेटी

डी) उपरोक्त में से कोई नहीं

**54. में नामांकन किया जा सकता है**

ए) बचत बैंक खाता

बी) आवर्ती जमा खाता

सी) सावधि जमा खाता

डी) उपरोक्त सभी

**55. आरबीआई के वर्तमान गवर्नर कौन हैं?**

a) केसी चक्रवर्ती

b) मॉंटेक सिंह अहलूवालिया

c) रघुराम राजन

d) इनमें से कोई नहीं

**56. निम्नलिखित में से किस बैंक का शेयर जनता के पास है जो 50% से अधिक है।**

a) भारतीय स्टेट बैंक

b) पंजाब नेशनल बैंक

c) बैंक ऑफ बड़ौदा

d) उपरोक्त में से कोई नहीं

**57. बैंक में एसबी खाता खोलने के लिए आवश्यक न्यूनतम आयु**

ए) 8 साल

बी) 10 साल

सी) 12 साल

डी) उपरोक्त में से कोई नहीं

**58. बैंक के लिए ऋण प्रदान नहीं करता है**

क) फसल ऋण

ख) शिक्षा ऋण

ग) गृह ऋण

घ) शराब पीना और जुआ

**59. केवाईसी का मतलब है**

A) अपने ग्राहक को जानें

B) अपने चरित्र को जानें

C) उपरोक्त दोनों

D) उपरोक्त में से कोई नहीं

**60. साहूकारों से ऋण लिया जाता है**

ए) उच्च ब्याज दर के साथ

बी) कोई उचित लेखा नहीं

सी) कोई पारदर्शिता नहीं

डी) उपरोक्त सभी

**61. एटीएम का अर्थ है**

A) एनी टाइम मनी

B) महिंद्रा का ऑटो ट्रक

C) स्वचालित टेलर मशीन

D) उपरोक्त में से कोई नहीं

**62. ऋण परिणामों का समय पर पुनर्भुगतान**

ए) अच्छी प्रतिष्ठा

बी) कोई तनाव नहीं

सी) भविष्य में आसानी से ऋण की उपलब्धता

डी) उपरोक्त सभी

**63. ऋण का चूककर्ता का अर्थ है**

क) कर्ज की किस्तें नहीं चुकाना

ख) खराब प्रतिष्ठा

ग) अवैध गतिविधियां

घ) उपरोक्त में से कोई नहीं

**64. जीवन बीमा का अर्थ है**

क) मानव का बीमा

ख) मानव और पशुओं के जीवन का बीमा

ग) मशीनों के जीवन का बीमा

घ) उपरोक्त सभी

**65. सामान्य बीमा बीमा के खिलाफ संबंधित है**

ए) आग

बी) चोरी

सी) सेंधमारी

डी) उपरोक्त सभी

**66. आधार है**

A) 12 अंकों का नंबर कार्ड

B) यूआईडीएआई द्वारा जारी पहचान प्रमाण

C) दोनों (A) और (B)

D) उपरोक्त में से कोई नहीं

**67. ई या एस का मतलब है**

A) पूर्व या दक्षिण क्षेत्र

B) आसान और तेज

C) दोनों में से कोई एक या उत्तरजीवी

D) उपरोक्त में से कोई नहीं

**68. करेंसी नोटों पर किसका लिखना प्रतिबंधित है ?**

ए) राजनीतिक संदेश

बी) धार्मिक संदेश

सी) व्यक्तिगत संदेश

डी) उपरोक्त सभी

**69. पीपीएफ का मतलब है**

ए) पेंशन योजना कोष

बी) पेंशन सुविधाओं वाले व्यक्ति

सी) सार्वजनिक भविष्य निधि

डि) स्थायी व्यवसायी का मंच

**70. भारतीय रिजर्व बैंक द्वारा जारी मुद्रा नोटों का उच्चतम मूल्यवर्ग है**

क) रु.100/-

ख) रु. 500/-

ग) रु.1,000/-

घ) रु.10,000/-

**71. एनआरआई का मतलब है**

ए) गैर ग्रामीण व्यक्ति

बी) गैर ग्रामीण आप्रवासी

सी) अनिवासी भारतीय

डि) उपरोक्त में से कोई नहीं

**72. पैन का अर्थ है**

ए) एक प्रकार का बर्तन

बी) प्राथमिक खाता संख्या

सी) स्थायी खाता संख्या

डि) उपरोक्त में से कोई नहीं

**73. बैंक के लिए ऋण प्रदान करता है**

ए) घर

बी) कार

सी) शिक्षा

डी) उपरोक्त सभी

**74. किस करेंसी नोट में सुरक्षा धागा होता है?**

क) रु.50/-

ख) रु.100/-

ग) रु. 500/-

घ) उपरोक्त सभी

**75. धन रखने की सबसे सुरक्षित जगह**

क) जमीन में खोदा गया गड्ढा

ख) एक लोहे का डिब्बा

ग) बैंक

घ) साहूकार

**76. सोने चांदी के आभूषणों को बैंक लॉकर में रखना चाहिए**

ए) यह सुरक्षित है

बी) चोरी का कोई खतरा नहीं

सी) दोनों (ए) और (बी)

डि) उपरोक्त में से कोई नहीं

**77. करेंसी नोट किसके द्वारा जारी किए जाते हैं**

ए) आरबीआई

बी) नाबार्ड

सी) सार्वजनिक क्षेत्र के बैंक

घ) केंद्र सरकार

**78. सिक्के किसके द्वारा जारी किए जाते हैं**

a) भारत सरकार

b) नाबार्ड

c) सार्वजनिक क्षेत्र के बैंक

d) भारतीय स्टेट बैंक

**79. बैंक पास बुक है**

ए) बैंक द्वारा जारी किया गया

बी) लेनदेन विवरण शामिल हैं

सी) बैंक खाते का खाते में शेष राशि दिखाता है

डी) उपरोक्त सभी

**80. बैंक किस पर ब्याज देता है**

ए) जमा

बी) ऋण

सी) दोनों (ए) और (बी)

डी) उपरोक्त में से कोई नहीं

**81. बैंक किस पर ब्याज लेता है**

ए) जमा

बी) ऋण

सी) दोनों (ए) और (बी)

घ) उपरोक्त में से कोई नहीं

**82. शिक्षा ऋण**

A) शिक्षण शुल्क और व्यय को कवर करें

B) कोर्स पूरा होने के बाद चुकाने योग्य हैं

C) भारत और विदेश में अध्ययन के लिए दी गई

D) उपरोक्त सभी

**83. व्यवसाय प्रतिनिधि का अर्थ है**

a) एक एजेंट जो बैंकिंग सेवाएं प्रदान करता है

b) व्यापारिक घराने का एजेंट

c) एक प्रकार का साहूकार

d) उपरोक्त में से कोई नहीं

**84. इंटरनेट बैंकिंग का संबंध है**

ए) इंटरनेट के माध्यम से खाते का संचालन

बी) एटीएम के माध्यम से खाता खोलना

सी) दोनों (ए) और (बी)

डि) उपरोक्त में से कोई नहीं

**85. एक बार नामांकन कर सकते हैं**

ए) रद्द नहीं किया जाना चाहिए

बी) रद्द कर दिया जाए

सी) बदला नहीं जा सकता

डि) उपरोक्त में से कोई नहीं

**86. बैंक खाता कौन खोल सकता है ?**

ए) भारतीय नागरिक

बी) अनिवासी भारतीय

सी) निरक्षर

डी) उपरोक्त सभी

**87. पैन नंबर की आवश्यकता होती है**

ए) रु.50,000/- से कम जमा

बी) रुपये 1 लाख से अधिक जमा

सी) जमा रु. 50,000/- और के ऊपर

डी) सभी लेनदेन

**88. टीडीएस का मतलब है**

क) सावधि जमा योजना

ख) कुल जमा योजना

ग) स्रोत पर कर कटौती

घ) उपरोक्त में से कोई नहीं

**89. चेक की अधिकतम राशि**

क) 100 करोड़ रु

ख) कोई सीमा नहीं

ग) 1 करोड़ रुपये

घ) उपरोक्त में से कोई नहीं

**90. बैंक ड्राफ्ट किसके द्वारा जारी किया जाता है**

a) निजी क्षेत्र के बैंक

b) क्षेत्रीय ग्रामीण बैंक

c) सार्वजनिक क्षेत्र के बैंक

d) उपरोक्त सभी

**91. स्वयं सहायता समूह शामिल है**

ए) 5 से 20 लोगों का समूह

बी) नियमित बचत की आदतें

सी) के भीतर अंतर-उधारसमूह के सदस्य

डी) उपरोक्त सभी

**92. चेक का भुगतान रोका जा सकता है**

ए) लाभार्थी

बी) नामांकित व्यक्ति

सी) चेक का आहर्ता

डी) उपरोक्त सभी

**93. अकाउंट पेयी चेक का भुगतान किया जा सकता है**

a) बैंक के कैश काउंटर पर

b) एटीएम में

c) बैंक खाते में जमा करके

d) उपरोक्त में से कोई नहीं

**94. आवर्ती जमा में,**

a) हर महीने एक निश्चित राशि जमा की जाती है

b) जमा की अवधि एक निश्चित अवधि है

c) एफडीआर दर पर ब्याज का भुगतान किया जाता है

d) उपरोक्त सभी

**95. नामांकन करते समय नामांकित व्यक्ति के हस्ताक्षर की आवश्यकता होती है**

ए) खाता खोलने का फॉर्म

बी) नामांकन फॉर्म

सी) शपथ पत्र

डि) उपरोक्त में से कोई नहीं

**96. बचत बैंक जमा पर ब्याज का भुगतान किया जाता है**

ए) हर महीने

बी) त्रैमासिक

सी) अर्धवार्षिक

डि) वार्षिक

**97. कटे-फटे नोट**

a) जला देना चाहिए

b) फेंक दिया जाना चाहिए

c) बैंक में एक्सचेंज किया जा सकता है

d) उपरोक्त में से कोई नहीं

**98. एटीएम के लिए इस्तेमाल किया जा सकता है**

ए) नकद निकासी

बी) खाता पूछताछ

सी) खाते का विवरण

डी) उपरोक्त सभी

**99. काउंटर पर नकली नोट मिलने पर, बैंक**

a) ग्राहक को नोट लौटाता है

b) असली नोट से एक्सचेंज करें

c) खाते में जमा

d) नोट जब्त करें और रसीद जारी करें

**100. सावधि जमा कर सकते हैं**

a) परिपक्वता से पहले वापस नहीं लिया जाएगा

b) परिपक्वता के बाद ही भुगतान किया जाता है

c) परिपक्वता से पहले वापस ले लिया

d) उपरोक्त सभी

<u>उत्तर-खण्ड</u>

1. ई

2. डी

3. डी

4. ए

5. बी

6. डी

7. ए

8. बी

9. डी

10:00 पूर्वाह्न

11. सी

12. बी

13. सी

14. डी

15. ए

16. बी

17. डी

18.ए

19.डी

20. बी

21. बी

22. डी

23. ए

24. सी

25. डी

26. बी
27. डी
28.ए
29.ए
30. बी
31.डी
32. ए
33. बी
34. सी
35. बी
36. डी
37.डी
38.ए
39.डी
40.बी
41.सी
42. डी
43.डी
44.बी
45.बी
46.ई
47. सी
48. डी
49. सी
50. बी
51. सी
52. सी
53. डी
54. डी
55. डी
56. डी
57. बी
58.डी
59. ए

60. डी
61. सी
62. डी
63. ए
64. ए
65. डी
66। सी
67. सी
68. डी
69. सी
70. सी
71. सी
72. सी
73. डी
74. डी
75. सी
76. सी
77. ए
78. ए
79. डी
80. ए
81. बी
82. डी
83. ए
84. ए
85. बी
86.डी
87. सी
88. सी
89. बी
90. डी
91. डी
92. सी
93. सी

94. डी

95. डी

96. सी

97. सी

98. डी

99.डी

100. सी

www.ingramcontent.com/pod-product-compliance
Lightning Source LLC
Chambersburg PA
CBHW031149130726
47988CB00006B/2597